沟通的底层逻辑

芊睿 ◎ 编著

北方妇女儿童出版社
· 长春 ·

图书在版编目（CIP）数据

沟通的底层逻辑 / 芊睿编著. -- 长春 : 北方妇女儿童出版社, 2024.1

ISBN 978-7-5585-8312-4

Ⅰ. ①沟… Ⅱ. ①芊… Ⅲ. ①心理交往—通俗读物 Ⅳ. ①C912.11-49

中国国家版本馆CIP数据核字(2023)第254327号

沟通的底层逻辑

GOUTONG DE DICENG LUOJI

出 版 人 师晓晖
策 划 人 陶 然
责任编辑 关 巍
装帧设计 天下书装
开 本 710mm × 1000mm 1/16
印 张 11
字 数 150千字
版 次 2024年1月第1版
印 次 2024年1月第1次印刷
印 刷 三河市南阳印刷有限公司
出 版 北方妇女儿童出版社
发 行 北方妇女儿童出版社
地 址 长春市福祉大路5788号
电 话 总编办：0431-81629600

定 价 49.80元

PREFACE

前言

沟通是人类社会活动顺利进行的重要途径，也是人们交换信息、增强情感的主要方式。然而，在日常的沟通过程中，总会出现各种各样的问题。它们不仅会阻碍沟通过程的正常进行，还会导致信息交流出现一些偏差，让人与人之间产生不必要的误会，最终对人际交往造成诸多麻烦。

为什么会出现这样的情况呢？最本质的原因就是人们在彼此沟通的过程中缺乏一定的底层逻辑，这才导致人与人之间的沟通无法达到预期的效果。如果不能了解和掌握这些逻辑，不仅沟通问题无法得到妥善的解决，还会出现新的沟通困境。那么，什么是沟通的底层逻辑呢？

简单来说，就是我们要先学会改变沟通中的观念意识，明白沟通的目的并不只是情绪情感的宣泄，更重要的是要懂得在沟通中发展关系和处理信息。综观现实生活中的沟通，不少人会将它简单视作自我情感或是情绪的宣泄方式，只知道一味地宣泄自我，却不懂得沟通的本质就是双方的互动，单方面的持续输出只会让听者感到不舒服，甚至会有被强迫的错觉，从而在一定程度上削弱了彼此的和谐度，最终导致沟通无果，甚至还会影响彼此的关系。

因此，我们要懂得在沟通过程中提升自己的底层逻辑，凡事懂得从小处着手，根据不同的沟通对象、沟通情境以及沟通问题等，寻找最恰当有效的沟通方式，真正做到具备沟通中的“话题、时机、情境、方法”四大精准要素，以此让我们的沟通变得更加顺畅、高效。

为此，我们特意编写了这本《沟通的底层逻辑》图书。本书从人们日常生活中的沟通实际入手，以“沟通的底层逻辑”为着眼点，通过由浅入深的叙述方式，为广大读者层层剖析了沟通中的底层逻辑思维，让我们更好地掌握了沟通的奥秘，并以更加游刃有余的方式去应对沟通。

值得一提的是，书中不仅有经典的理论阐释，也为广大读者绘制了精彩的插图漫画，让读者在图文并茂的阅读过程中，更好地加深对书本内容的理解，由此来提升自己在实际生活中的沟通能力，获得更加有益于自身发展的沟通效果。

CONTENTS

目 录

第三篇　说话要有尺度，沟通得有分寸

第四篇　掌握沟通之法，拒做话题终结者

第五篇　会说话是王牌，成为沟通高手

第六篇　嘴下要留情，沟通才能不踩雷

第一篇

善于沟通的人，一开口就赢了

沟通是人生中一项非常重要的生活技能。它不仅可以帮助我们与他人建立良好的关系，还可以帮助我们解决各种问题。要想在与人沟通时做到游刃有余，就需要掌握一些技巧。首先，言辞需要清晰明了，我们应该尽可能用简单明了的语言表达自己的想法。其次，要懂得倾听他人的表述，做到相互尊重。

借题开场，让你的表达更有幽默感

无论是与人交往，还是公开发表观点，一个有趣的开场总是能吸引更多的关注，使我们的表达更具影响力。所谓“借题开场”，就是指巧妙地利用话题、环境或情境来引入主题。

在演讲时，我们可以以现场的环境或最新的热点新闻作为开场，通过轻松的调侃或巧妙的比喻来拉近与听众的距离。这样的开场不仅能立即吸引听众的注意力，而且还能让我们的演讲更加生动有趣。

日常交往中，一个有趣的开场也同样重要。我们可以用一句俏皮的话、一个幽默的小故事或者一个引人入胜的问题来展开交流。

借题开场也需要技巧

“借题开场”并不是一种简单的技巧，它需要我们有敏锐的观察力和灵活的思维能力，以便在适当的时机抓住话题，做出恰到好处的开场。同时，我们也需要有足够的自信和自我认知，这样才能让我们的开场自然而不做作，幽默而不刻意。

好的开场具有神奇的效果

在一次晚会上，观众们对新上场的演员都感到很陌生，场面一时有些冷清。这时候，一位演员面带微笑地说："大家之前可能不认识我，没关系，

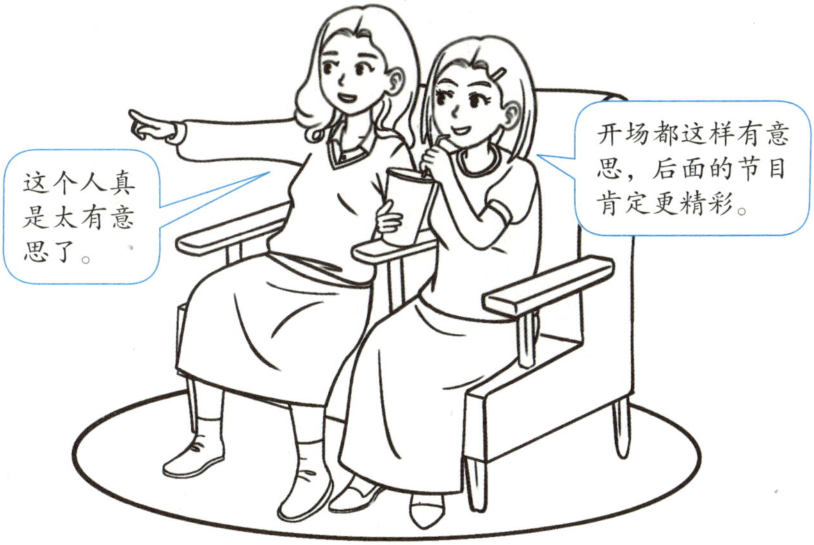

干脆叫我‘黄花’吧，不是有观众说我‘人比黄花瘦’吗？”此话一出，观众们顿时哄堂大笑。此后，他的名字被全国观众记住了。

幽默的语言比说教更有用

运用幽默的语言，不仅可以避免让对方感到尴尬，还可以缓解紧张的气氛，使对话更加轻松愉快。相比之下，长篇大论的说教可能会让人感到不满或产生抵触情绪。

幽默的语言比长篇大论有用

一位著名的演讲家曾说：“用风趣幽默的语言表达观点比长篇大论更有用。”这是他用亲身经历总结出的经验。一次，他为了一场演讲准备了许多资料，上场之后滔滔不绝地罗列出一、二、三、四、五，共五条内容，台下的观众听得昏昏欲睡。就在这时，演讲家话音一转，说：“第六，散会。”观众们精神一振，纷纷笑了起来。

幽默可以化解矛盾

有时候，运用幽默诙谐的话语可以化解矛盾。一天，酒馆里来了一位客人，刚喝了两口酒就喊道："这酒好酸！"老板脾气向来暴躁，听到这话差点儿和对方打起来。旁边一位客人连忙拦住老板，说："我来尝尝。"说完，他就端起酒杯喝了一口，然后皱着眉头说，"不然，你也把我打一顿吧！"老板听后，"扑哧"一声笑了。

恰当自嘲，巧妙化解沟通中的尴尬

在人际交往中，有时候会出现一些尴尬的场面。这时候，恰当的自嘲往往能成为化解尴尬的有效手段。自嘲是一种智慧，它不仅能让人们感受到说话者的幽默，还能帮助我们在沟通中取得更好的效果。

恰当的自嘲需要掌握好分寸和时机。首先，我们要了解自己的优点和缺点，这样才能在适当的时候拿自己“开刀”。其次，我们要善于观察和感知他人的反应，以便在需要的时候用自嘲来缓解气氛。

当我们犯了错或出现了失误，可以用自嘲的方式来化解尴尬，这样不仅可以有效地缓解紧张的气氛，还能给人留下风趣幽默的印象。

石学士

古代有位学士，姓石，人称“石学士”。一次，他骑着驴走在街上，突然被驴甩了下来，摔了个四脚朝天，就连围观的人都替他尴尬。他却不慌不忙地站起来，说：“幸亏我是石学士，要是瓦的，还不得摔碎了！”大伙儿听后纷纷笑了起来。

自信的人才敢于自嘲

只有足够自信的人才敢拿自身的失误和不足开玩笑。这种自嘲并不是贬低自己，而是为了化解尴尬、缓和气氛。通过自嘲，我们可以展现出自己的大度和自信，从而让对话更加自然、愉快。

反弹琵琶，正话反说才能更吸引人

在语言表达中，“反弹琵琶”可以理解为正话反说或反话正说。它通过将事物的本来面目进行颠倒或反转，从而营造出一种新奇、有趣的效果。

反弹琵琶的运用十分灵活，它可以用于描述事物本身的特点，也可以用于表达对事物的看法或态度。例如，“这部电影太棒了，看得我直打瞌睡。”这种反弹琵琶的表达方式可以让人感到新奇和有趣，同时也可以引起人们的共鸣。

反弹琵琶，即正话反说或反话正说，是一种有趣而巧妙的表达方式，可以在各种场合中使用，能够达到风趣幽默、化解尴尬等效果。

幽默地表达不满

如果一个朋友经常迟到，我们可以说：“你真是个守时的人，每次迟到

都能精确到秒。”或者说：“你真是太准时了，每次都是在我准备离开的时候到达。”这样既能够传达我们对于朋友迟到的不满，语气又不会太过生硬。

合心意的电影

正话反说是一种非常实用的表达技巧，可以帮助我们更加委婉地表达自己的想法或不满的情绪。比如，在一次首映礼上，电影还没放完，观众就走

了一半，导演十分不解，忍不住询问原因。一位观众幽默地说："这部电影真是太符合大家的心意了，不用看完就猜到结局了。"

没有味道的菜

这天，餐厅里来了一位挑剔的客人，服务员接连为他换了好几次菜，他依然不满意。这不，他又抱怨道："这个菜根本没味道！"服务员灵机一动，说："先生，这是专门为喜欢没有味道的菜的客人准备的。"此话一出，周围的客人都哈哈大笑，就连故意找碴儿的客人都不好意思再说什么了。

忠言也可以不逆耳

俗话说："忠言逆耳。"但凡是批评或指责的话，传到对方耳朵里都不会太好听。运用正话反说的方式，可以让批评或建议更容易被人们接受。正话反说的巧妙之处就在于委婉幽默、以柔克刚，让对方在笑声中发现自身的问题。

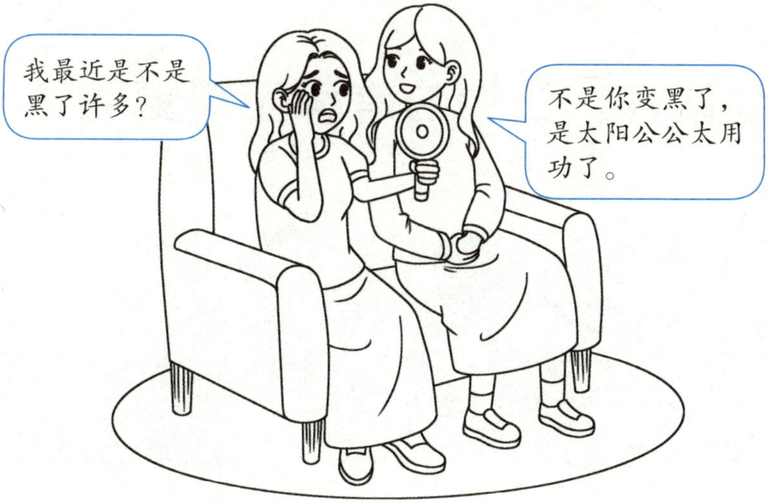

反弹琵琶的奥妙

反弹琵琶的奥妙就在于，当我们犯错后，内心会产生一定的自责感。此时，如果能得到他人的安慰或鼓励，那么我们就会在自责感的同时产生改正错误的积极心理。反过来，如果他人给予的只是一味的批评或指责，那么我们内心的自责感就会被自尊心掩盖，有时甚至会为了维护自尊而反唇相讥，让原本正常的沟通关系变得愈加紧张。

适度直言，让你的言辞变得更明了

语言表达之所以有许多技巧，就是为了应对不同的交谈对象。面对不同的人，我们要学会调整自己的语气和用词，以适应他们的理解能力和接受程度。同时，根据场合的不同选择合适的话题和表达方式，也能避免尴尬和不必要的冲突。

适度直言是一种有效的沟通方式，它能够让我们的言辞变得明了，同时也能帮助我们更好地表达自己的想法和观点。

在某些时候，婉转的表达方式是一种十分实用的技巧。然而，有些时候，过于追求婉转会让自己的言辞变得模棱两可，影响表达效果，甚至产生误会。唯有适度直言，才可以避免这种情况。

适度直言可以节省时间

通过直接表达自己的观点，可以让对方清楚地了解我们的立场和态度，更好地理解我们的想法，从而增强沟通效果。此外，直截了当地表达观点也能有效地传达信息，节省彼此的时间。

蒯通直言自救

西汉时期，汉高祖刘邦审问蒯通，问他是否教唆韩信反叛，蒯通毫不迟疑地承认了。刘邦恼怒之下，要杀蒯通。蒯通直言道：“先前天下大乱，各

路英雄纷纷揭竿而起，难道陛下要把从前和您争天下的人都杀光吗？”听到蒯通如此理直气壮的回答，倒让刘邦不好说什么了，只得放了他。

开诚布公，更显诚意

人与人之间的沟通，最重要的一个底层逻辑就是一定要真诚，而这也是人们做到适度直言的重要前提。在现实生活中，当我们有求于人或是想向对方提出一些建议时，如果能够开诚布公地进行表达，就能够在很大程度上凭借发自内心的诚意打动对方，如此才能让亟待解决的问题得到妥善处理。

有话直说，也是一种尊重

一次，著名作家马克·吐温去参加一位牧师的演讲，并敏锐地听出这位牧师想要募捐。起初，马克·吐温被牧师的话感动到了，很乐意捐款，然而一个小时过去了，牧师还在滔滔不绝地说着。因为马克·吐温还有其他事要忙，实在没有时间听他的长篇大论，最终他因为浪费了时间反而不想捐款了。

自己不尴尬，尴尬的就是别人

林肯当选总统时，许多参议员很尴尬，因为林肯的父亲是个鞋匠。当一位参议员羞辱林肯时，林肯直言不讳地说：“我永远是鞋匠的儿子，而且我敢说，我当总统的能力永远比不上我父亲做鞋的手艺。”就这样，林肯用真诚征服了傲慢的参议员们。

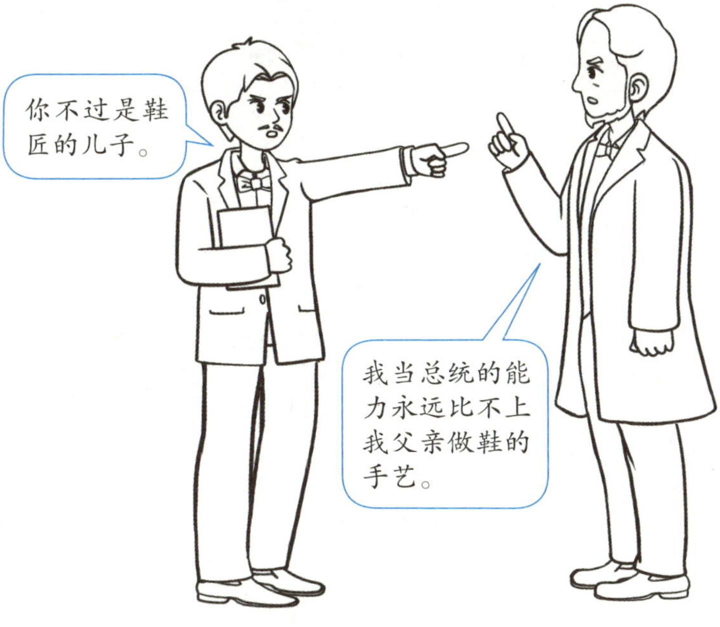

说明白话，把握好说话的条理和主次

人与人之间，最常见的沟通方式就是说话。会说话且能把话说明白的人，无论做什么都会事半功倍。相反，如果词不达意且不能正确表述自己的意图，则会把事情搞得一团糟。

所有的沟通都该以词能达意为基础。如果滔滔不绝地说半天，却无法表明自己的意图，无法让人听懂、听明白，那么说得再好、语言再华丽，也是一堆废话，误人误己，毫无用处。

什么叫明白话？第一，要简单明了，有中心，有意图；第二，要通情达理，不是空话、胡言。一个人要怎么做才能把话说明白呢？

表述要简单、直接

人和人聊天、说话，不是写作文，不需要太多修饰，也没必要拐弯抹角，是就是，不是就不是，想要什么、想干什么，直接说出来就行，切勿遮遮掩掩、东绕西绕，顾左右而言他。

开口前先打腹稿

很多时候，人们之所以无法把话说明白，是因为开口前根本就“不过脑子”，说话没有顺序，也没有逻辑，东一句，西一句的，不成体系。所以，

要想把话说明白，开口前，不妨像写作文一样，打个腹稿，把自己要说的话捋一捋、顺一顺。

说话要有条理

讲话有条理，就像是整齐摆在书架上的书，既清晰明了，又赏心悦目，让人一听就明白。

要做到说话有条理，有两个诀窍：一是要有逻辑性，有因有果，有来龙有去脉；二是要有先后，有编排，可分条陈述，一、二、三、四、五，首先、其次、再次、最后，一条条地由浅到深、层次分明，人们想听不懂都难。

分清主次很重要

无论要表达什么，都不需要滔滔不绝、面面俱到。啰里啰唆地说一堆废话，却抓不住重点，有时候，真的很惹人厌烦。

所以，在日常生活中，要想把话说明白，关键就是要一针见血、主次分明，抓住事情的重点、关键点，一些细枝末节能忽略的尽量忽略，忽略不了的也尽量少提。

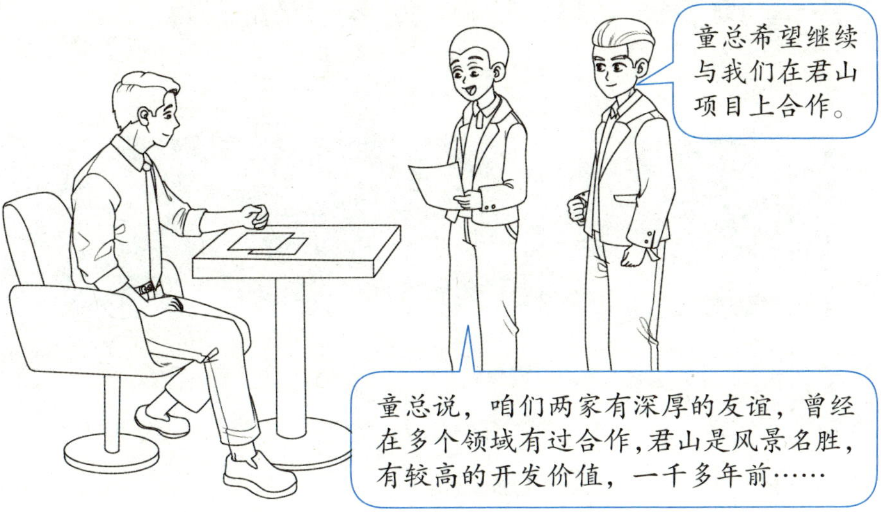

表述要精准

有些时候，话说不明白，并不是不会说话，而是表述太过含糊。

比如，想要买衣服，只说买红色的那件。又比如，要约稿，只说想要一篇适合中年人阅读的文章。这些其实都没有固定的标准，很容易造成误解。所以，日常说话时，表述一定要精准，明确要求和目的，杜绝一切含糊的表达。

学会赞美，让关系变得更融洽

没有什么比赞美更能打动人心了！所有人，无论是谁，都喜欢被夸奖、被赞美。赞美是一门学问，掌握了它，我们不仅更容易获得别人的信赖、欢迎，还能让沟通变得既顺畅又融洽。

谁不喜欢被尊重、被赞美呢？美国大作家马克·吐温曾经直言不讳地说："靠一句赞扬的话我们能活上两个月。"所以，你看，要想人缘好、办事牢、沟通顺畅，学会赞美真的很重要。

众所周知，赞美是人际沟通中最重要、最实用的手段之一。那么，日常生活中，我们该怎样赞美别人、博取别人的好感呢？

赞美要真诚

赞美并不是单纯地拍马屁、恭维、说漂亮话，而是真心诚意地称赞，是发自内心的赞赏。

在日常生活中，唯有真心的赞美才能让人愉悦，虚头巴脑的奉承只会让人心生厌恶。

赞美要言之有物

赞美讲究技巧，不能泛泛而谈，更不能假大空，类似“真美”“真好”“真厉害”这样的赞美，不仅空洞虚伪，而且显得毫无诚意。所以要赞

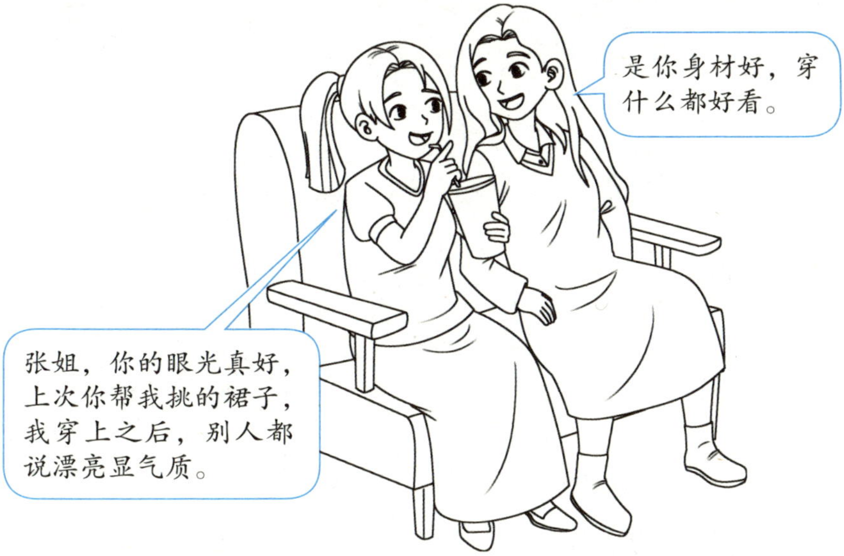

美，就得言之有物，具体到某个方面、某件事情、某个点。

善于发现“美”

与不太熟悉甚至完全陌生的人沟通时，最好不要随意赞美。

如果要赞美，不妨“就地取材”，从沟通对象的衣服、配饰、谈吐、仪态、气质等方面去赞美，千万不要自作聪明，从不了解、不熟悉的方面切入，切勿胡乱赞美，否则，很可能弄巧成拙。

会赞不如会问

比起干巴巴的几句夸奖、赞叹，态度谦虚、恭谨的“求教”无疑更能让人感到愉悦、舒适。

事实上，在日常交际中，“求教”一直是最能表现尊敬与诚意的赞美方式。

虚心提问、求教，不仅能增强对方的成就感，让对方觉得“高人一等”，还能有效拉近彼此之间的距离，可谓两全其美，惠而不费。

切忌反复赞美

再美味的食物，吃多了也会腻；再好听的赞美，听多了也会烦。虽然赞美很重要，但一定要适度，不能太多、太频繁，更不能像复读机一样把赞美的话重复地说。

另外，赞美时说的话要尽量有新意，不要千篇一律，也不要人云亦云，最好能够独具特色，让人听着既舒服又新奇。

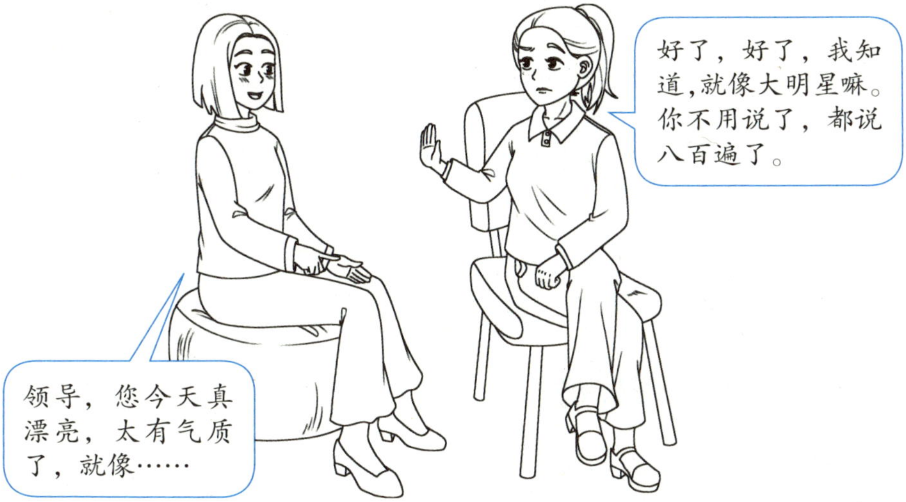

特殊情况，善意的谎言也有大用处

人们说话时需要顾及他人的感受，既不能过于直白，又不宜过于含糊。在面对一些重要的事情时，我们需要用直白的话来表达自己的观点和态度，让对方能够清晰地理解我们的意思。但是在某些情况下，我们也需要适度地使用含糊的话语来避免伤害他人。

日常说话需要根据具体情况和需要来决定。对于一些简单明了的问题，我们不妨直接说清楚，以便更好地沟通。但在某些情况下，过于直白可能会导致不必要的误解或者冒犯他人。此时，适当的糊涂可能是更好的选择，可以保护自己和他人的尊严和利益。

真诚是人与人相处的基石，但善意的谎言同样不可或缺。它可以维护感情、避免冲突，使交际更加得体。

生活中的温柔策略

在日常生活中，有时候我们需要使用善意的谎言来避免直白的言语带来的不适。谎言并非出于恶意或欺骗，而是为了维护人际关系、减少尴尬或避免冲突。在某些特殊情况下，谎言还可以给人勇气和力量，帮助我们应对困难时刻。因此，在与人相处时，我们应该学会运用善意的谎言来促进和谐的关系与亲密度。

如果处理不好善意的谎言，可能会让原本的好意变得尴尬。那么，在运用善意的谎言时，我们应该注意哪些要点呢？

1. 内心要诚恳

在说出善意的谎言时，需要站在对方的角度去考虑问题，确保谎言是出于善意和关爱，而非欺骗或伤害他人。

2. 时机要合适

善意的谎言要选择合适的时机和恰当的方式，也需要保证自己的言行一致，避免让对方感到困惑或产生不必要的误解。

语言精练，别让废话消磨他人的耐心

在日常生活中，我们常常会遇到两种人：一种是喜欢长篇大论、口若悬河的人，他们常常抓不住重点，让听众感到困惑和不解；另一种人则能够用简洁明了的语言传达自己的意思，让听者一下子就能抓住重点。

我们都希望成为那种能够一针见血、切中要害的说话者。当你的表达能力得到提升时，你不仅可以在日常生活中让沟通更加流畅，还可以对你的职业生涯产生积极的影响。然而，表达能力并不是每个人天生就具备的，而是需要通过不断的练习和学习来提高的。

精练的语言在沟通中至关重要，它能提高效率、增强效果、展现能力、塑造形象，并促进团队之间的相互协作。

废话是生活中无用的华丽

废话的危害是多方面的。首先，它降低了沟通效率和效果，让原本可以快速传送的信息变得啰唆和难以理解。其次，废话浪费了我们的时间和精力，让我们陷入无意义的讨论和纠缠中。此外，过多的废话也会影响我们与他人的关系，让他人对我们产生反感和不信任。

日常生活中若避免说废话，要从三个方面入手。

1. 沟通聚焦于重点

为了确保信息的准确性和有效性，我们应避免引入与主题无关的信息，以免干扰对方的理解和思路。无关的信息不仅会分散注意力，还可能导致误解和混淆。因此，在开口之前，我们应先明确主题，并确保所说的内容与之紧密相连，从而提高沟通效率和质量。

2. 沟通要精简表达

沟通时一定要避免冗余，让语言更精练，这样才能够准确地传达核心意思。选择恰当的词汇和简明的句子结构，去掉不必要的修饰，让话语直击要点。简洁明了的表达，不仅能够提升沟通效率，还能增强信息的影响力。用最少的话，说最重要的事，让沟通更高效、更有力量。

3. 沟通需认真总结

在沟通过程中，我们需要关注对方的观点和需求，认真倾听他们的意见和建议。同时，我们也需要对自己的表达方式和语言进行反思和总结，以便更好地提高沟通效果。通过总结，我们可以发现自己的不足之处，并加以改进，使自己在以后的沟通中更加出色。

第二篇

开口有技巧，避免口舌之祸

沟通不仅是人际交往中的重要工具，更是建立和维护良好人际关系的基石。通过沟通，我们能够深入了解彼此，建立信任，有效地解决问题，并促进合作与团结。在人际交往中，有效的沟通能够减少误解和冲突，增进相互理解，从而维护和谐的人际关系。因此，我们应该重视沟通的重要性，不断提升自己的沟通能力，更好地建立人际关系。

适当地说糊涂话，假糊涂胜过真聪明

在人际交往中，有时候过于直接或坦率可能会引起不必要的冲突或误解。因此，适当地说糊涂话，假装糊涂，可以避免过于直接地表达自己的观点，从而减少他人的误会。这种假糊涂的态度可以让人际关系更加和谐，同时也可以保护自己的利益和尊严。

假糊涂是一种策略，它允许人们保持一种中立、客观的态度，避免过度卷入人际纷争之中。这种假糊涂的态度并非真正的愚蠢或无知，而是一种高超的社交技巧。

很多人喜欢在人前通过夸大自己的优点和成就来提升自己的形象和地位。然而，这样做可能会引起他人的嫉妒和反感，导致人际关系紧张。所以，在人前自我“贬损”不失为一种明智的社交策略。

人际关系中的保护色

适当地说些糊涂话是一种社交技巧，也是生活的一种调味剂。人并非事事都要较真儿，争辩出对与错。糊涂话可以减轻沟通的紧张氛围，缓解冲突和紧张情绪。它可以让人们在交流中更加轻松、愉快，避免过度认真和争辩。

要想掌握好说糊涂话的度，需要有一定的经验和判断力，否则就会变成谎言和欺骗，下面这些技巧可以让你更好地掌握这个度。

1. 情境掌握

在说话之前，要认真观察和了解当前的情境。确定是否需要说糊涂话，以及说糊涂话的必要性。

2. 方式得体

说糊涂话时，要注意语气和表达方式。尽量保持平和、自然的态度，避免过于夸张或做作。

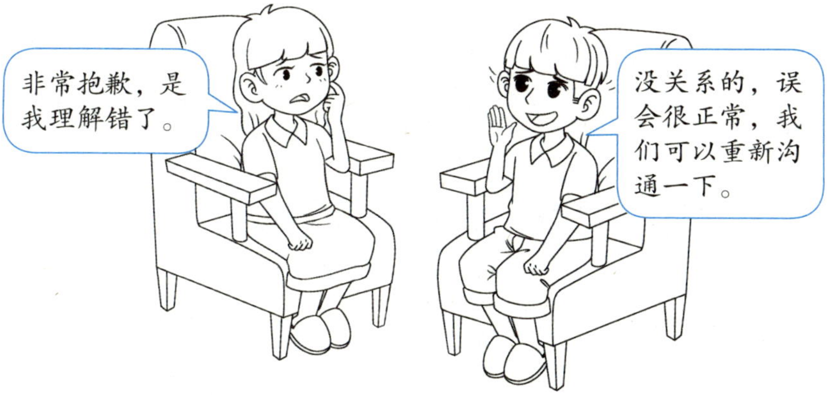

投其所好不丢人，适时说些恭维的话

如果想走到哪儿都受人欢迎，办事顺利，那么就要适当说一些恭维话。哪怕你明知对方是在恭维你，嘴上说："哪有哪有，你这明显是在恭维我！"可是你心里依然会暗自窃喜。

没有人不喜欢被人恭维，哪怕是那些平时对恭维嗤之以鼻的人，对恭维话也毫无抵抗力。关键在于，你在说恭维话时，不能太做作，让人一听就很假。因此，恭维也要有限度。

恭维要想达到预期的效果，就必须对对方的喜好、秉性等有所了解。简单来说，恭维话就是要说到对方的心坎儿上。

恭维要讲究对象

针对不同的人，不同的场合，要说不同的恭维话，这样才能彰显出你的口才。对于老年人，我们要恭维他拥有一个好身体，表达对他身体状况的钦佩和尊重；对于青年人，则要恭维他具有开创精神。反之则会贻笑大方。

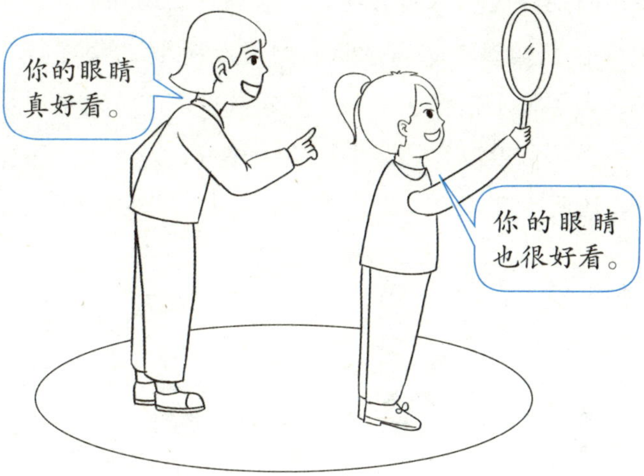

恭维要找准时机

营业员和顾客正在为一件衣服的价格争论得面红耳赤。这时，营业员突

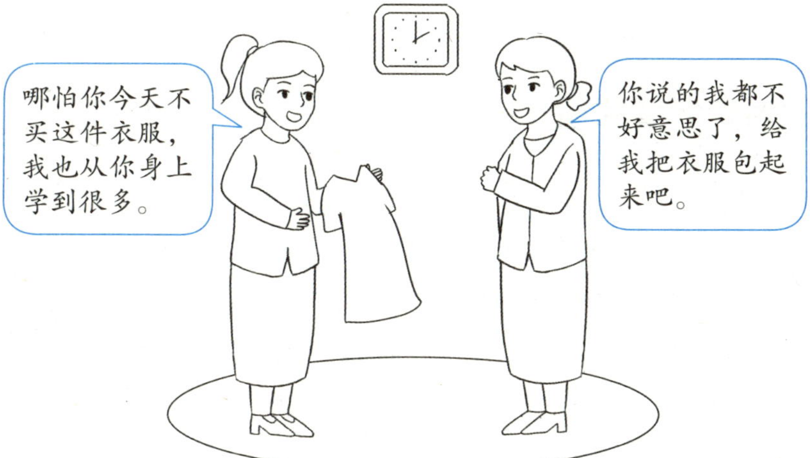

然停止争论，开始夸奖顾客经验丰富，口才也非常好。她还说："哪怕你今天不买这件衣服，我也从你身上学到很多。"被营业员这样一恭维，顾客反倒觉得不好意思了，爽快地掏钱买下了这件衣服。

恭维要圆滑巧妙

王僧虔是南朝齐代的著名书画家，他的书法堪称一绝。恰巧当时的皇上齐高帝萧道成也在翰墨上颇有造诣，且喜欢听他人夸奖自己的书法。这一天，齐高帝一定要和王僧虔在书法上一较高下。二人写完以后，齐高帝让王僧虔做出评价。王僧虔说："臣书，臣中第一；陛下书，帝中第一。"齐高帝听后禁不住捧腹大笑。

如何说好恭维话

要想说好恭维话，首先，要在恭维的同时说一些关心对方的话。其次，要适当表达一下对他人的崇拜和欣赏，这会让对方内心愉悦，不由自主地拉近和你的距离。再次，要多鼓励对方，当恭维的话中带有鼓励之语时，会更容易讨得他人欢心。最后，恭维时要注意发现他人身上的优点，尤其是一些细微的亮点，这样更容易让他人对你产生深刻的印象。

说别人爱听的恭维话

人人都爱听恭维话，如果你在适当的时候说了合适的恭维话，一定会让对方更加喜欢你。越是高傲的人，越喜欢听恭维话。有的人表面上说忠言逆耳利于行，可当你指出他的不足时，他虽然表面上不会说什么，可心里一定是不情愿的，还会在不自觉间和你疏远，从而不利于你们今后的交往。

学会说体贴的话，让对方感受到关心

体贴话可以表达我们对他人的关心和尊重，以增强人际关系。当我们关心他人并且真诚地表达出来时，对方会感到被重视和被理解，这有助于建立信任和亲近感。在这个忙碌和紧张的社会中，一句体贴的话语可以给人带来安慰和安心，让他们感受到关怀和友善。体贴话可以让我们的交流更加人性化，从而增加彼此之间的亲近感和产生共鸣。

体贴就像冬日里的阳光，既照亮了他人的心灵，也温暖了自己的心。温暖的话语能够传递出关心、理解和支持，让人感到被重视和被关爱。我们应该经常反思自己是否对他人说过温暖的话，而不是总想着他人为何总是对自己充满敌意。通过表达体贴和温暖的话语，我们不仅能够增进彼此之间的友谊，还能够让自己的内心更加平静和满足。

在日常的交流中，我们会经常忽略一个简单而重要的行为：说一些关心的话。关心的话语可以温暖人心，增强人际关系，让我们的交流更加亲密和有意义。无论是对家人、朋友还是同事，我们都应该多说一些关心的话，以表达我们的关怀和支持。

人际交往中传递温暖的桥梁

当我们看到他人面临挑战和困难时，可以用温暖的话语传递我们的关心和支持。体贴的话语就像一缕温暖的阳光，能够驱散他人心中的阴霾，给予他们力量和勇气去面对生活中的困难和挑战。

为了更有效地传达温暖的话语，我们可以试试以下方式。

1. 尊重对方的隐私

表达温暖的话语时，要以一种平等和尊重的态度来交流，让对方感到被理解和被关心。

2. 了解对方的期待

如果对方需要倾诉或建议，我们要耐心倾听和理解；如果对方需要鼓励和支持，我们要给予积极的反馈和支持。

祝贺要发自肺腑，真诚祝贺方显真情

祝贺是对某人或某事成功、喜悦或幸运所表达的祝福和庆贺。当某人取得重要成就、庆祝生日、结婚、获得奖项或其他特殊场合时，我们通常会向他们表示祝贺。这是一种表达喜悦和对他人成功的认可的方式，可以增强人际关系并传递积极的情感。

祝贺语要根据具体情况和需求，选择恰当的语言和表达方式。从语言表达上来看，有祝词和贺词两种形式。

祝词通常是用来表达对他人特定场合或特定事件的祝福和祝贺，常见于生日、婚礼、毕业典礼、新年等庆祝活动中。贺词是用来表达对他人取得成就或获得荣誉的祝贺和赞美，常见于颁奖典礼、庆功宴、职业晋升等场合。

祝贺的表达方式和内容应该适用于具体的场景和情境。不同的场合和事件可能需要不同的祝贺方式和表达方式。

温暖人心的语言力量

当我们祝贺他人时，真挚的情感和真切的语气能够让祝贺更加有力。这不仅是一种表达方式，更是对他人的尊重和关心。通过表达真诚的祝贺，我们能够传达出对对方的真心祝福和喜悦之情。

传达适当的祝贺词并不需要长篇大论，而是需要注意以下两个要点。

1. 简洁明了

简洁明了的祝贺词能够让对方感受到你的真诚。在表达祝贺时，我们应该尽可能使用简短、明了的语言，直接表达出自己的祝福和喜悦之情。

2. 真诚自然

祝贺词不仅仅是一种表面的表达，更是一种心灵的交流。因此，我们不能仅仅停留在表面的祝贺上，更要深入了解对方的感受和需求，用心去倾听和理解。

学会说感谢的话，真诚道谢是礼貌之本

道谢是一种表达感激和尊重的方式，它体现了一个人的情感智慧和人际交往能力。在日常生活中，无论是接受别人的帮助、收到别人的礼物，还是得到别人的关心和支持，我们都应该学会及时表达感谢之情。

适当的道谢不仅能够表达你的感激之情，还能够增强人际关系，提升自信心和积极性，促进合作和支持，并营造积极的氛围。它是一种简单而强大的交流工具，对于建立良好的人际关系至关重要。

情商高的人懂得在不同情境和关系中选择恰当的时机和方式来表达感谢，这有助于加强人际关系、改善沟通效果并建立彼此之间的信任。在人际交往中，情商的智慧可以帮助我们建立更多良好的关系，带来更多的喜悦和幸福。因此，学会适当地回应和感谢他人是培养情商的重要一环。

道谢是人生的智慧与修养

道谢不仅仅是口头上的简单表达，更是一种深层次的情感和态度。它体现了对他人的尊重、感激和认可，同时也展示出个人修养和智慧。通过道谢，我们学会珍惜他人的付出，理解他人的善意，从而更好地与他人相处，建立更紧密的关系。

感谢无须等待，及时道谢更显真诚

当我们收到别人的帮助、关心或支持时，及时表达感谢之情是非常重要的。这不仅能够让对方感受到我们的真诚和感激之情，还能够增进彼此之间的友谊和信任。如果我们没有及时表达感谢，可能会让对方感到被忽视或不被重视，从而影响彼此之间的关系。

正确的道谢方式会让对方感受到你的真诚和尊重，可以采用以下方式。

1. 直接表达

直接表达是一种非常简单、直接的道谢方式。你可以直接说出“谢谢”或“非常感谢”等话语，以表达你的感激之情。这种方式简单明了，能够直

接传达你的感激之情，让对方感受到你的真诚和温暖。同时，这种方式也适用于各种场合和情境。

2. 场景描述

除了简单的“谢谢”之外，更具体地表达对对方行为或帮助的感激之情，这是一种更加深入和真诚的方式。例如，“谢谢你的帮助，你的支持对我来说非常重要”或者“谢谢你的耐心，你的指导让我受益匪浅”。这样的表达方式不仅能够让对方感受到你的真诚，还能够让对方更清楚地了解到你

所感激的具体行为或帮助，从而深化彼此的理解和联系。

3. 回馈感谢

除了简单地表达感谢，承诺回馈对方的帮助也是一种很好的回应方式。这样的回答不仅表达了感激之情，还展示了你的诚意和决心。它可以增强人际关系，让对方感到被重视和被关心，同时也促使你去努力回报对方的好意。这样的回答可以让对方感到欣慰，还能进一步加强你们之间的联系。

懂得说吉利的话，句句称心才能如意

当好事发生的时候，我们总会说各种各样的吉利话来激励自己或他人。吉利的话语往往带有积极、阳光的能量，能够让人们感到愉快和振奋。当我们听到或说出这些话语时，它们能够引发我们的积极情绪，使我们感到更加快乐和满足。

吉利的话语往往包含对未来的美好期待和祝福，这能够激发人们的信心和动力。当我们面对挑战或困难时，这些话语能够为我们提供支持和鼓励，帮助我们坚定信心，勇往直前。吉利的话还能营造一种和谐、积极的氛围，使人们感到更加舒适和放松。这种氛围有助于减少冲突和矛盾，促进人们的合作和交流。

吉利的话语具有积极、正面的能量，这种能量能够传递给周围的人。当我们说出这些话语时，我们不仅是在祝福别人，也是在传递正能量，让周围的人感到温暖和幸福。

吉利话开启融洽关系的大门

在人际交往中，使用吉利话可以增加亲和力，营造积极的氛围，使对话更加愉快和融洽。当我们用吉利话表达感激之情时，不仅能够展现我们的风趣幽默，还能够传递真诚和尊重。

在生活中，得体地说好吉利话也有一定的技巧，可以试试以下几种方式。

1. 场合要合适

在选择和使用吉利话时，要根据场合和对象的具体情况来确定，在生日、婚礼或节日等特殊的场合，说吉利话可以增添喜庆气氛。

2. 措辞要恰当

恰当吉利的词语和祝福语，可以让人感到温暖和备受关注。恰当的吉利话能够很好地表达我们的祝福和美好的愿望。

真心实意道歉，用语言表达你的歉意

每个人都会有口误或者不经意间说出一些不合适的话。重要的是我们能够意识到自己的错误并及时道歉，尽力修复对方可能受到的伤害。在沟通中，尊重和理解对方的感受是非常重要的，我们可以通过诚挚的道歉和真诚的态度来弥补自己的过失。

如果你错了，及时承认并道歉是非常重要的。因为通过承认错误并道歉，你可以展现出自己的成熟和负责任的态度，从而赢得他人的信任和尊重。首先，承认错误可以展现出你的诚实和勇气，避免继续坚持错误的立场或行为。其次，及时道歉可以缓解紧张的气氛，修复与他人的关系，避免进一步的冲突和误解。

道歉不仅仅是一种口头表达，更是一种态度和行动。道歉时，我们要保持真诚和尊重的态度，不要推卸责任或找借口。同时，我们也要采取实际行动来弥补自己的错误，以便更好地重建与对方的关系。

人际关系的修补剂

道歉就像是一剂人际关系的修补剂，它能够有效地缓解紧张气氛，让双方都能够感到舒适和自在。通过道歉，我们可以表达出对对方的尊重和关心，展示出我们的诚意和善意。这有助于打破僵局，缓解紧张气氛，让双方都能够放下心中的包袱，重新建立起信任和友好的关系。道歉还可以帮助我们更好地处理人际关系中的矛盾和问题。当我们犯错或伤害到他人时，及时的道歉可以避免事态进一步恶化，为我们提供了一个解决问题的机会。

犯错不可怕，态度最重要

在人际交往中，虽然犯错是不可避免的，但是我们的态度和对待错误的方式才是最重要的。如果我们能够正视自己的错误，及时真诚地向他人道歉，错误就会成为我们成长的一部分，帮助我们更好地认识自己，提高自己的能力和素质。一个积极、诚恳的道歉态度也可以赢得他人的信任和尊重，同时还可以帮助我们更好地面对和处理问题。

每个人的情况都是不一样的，所以在选择道歉方式时也要注意一定的技巧。

1. 直接道歉

直接道歉是最直接、最真诚的道歉方式。你可以直接说出“对不起”或“我错了”来表达你的歉意和悔意。直接道歉是一种简单、直接、真诚的道歉方式，它能够帮助我们缓解紧张气氛，修复受损的关系，增进彼此之间的理解和信任。

2. 解释原因

如果你在道歉的同时能够解释原因，可以让对方更好地理解你的立场和行为。解释原因可以缓解对方的疑虑和不满，同时也可以让对方理解你的动机和意图。值得注意的是，在解释原因时，要注意适度。避免过度解释或陷入辩解的陷阱。简洁地表达道歉的原因，并确保将重点放在道歉和悔意上。

3. 承诺改进

承诺是一种非常有诚意和决心的道歉方式。这种道歉方式不仅能够表达出你的歉意和悔意，还能够让对方看到你的决心和行动。承诺可以展示出你的诚意和决心，让对方相信你真正意识到了自己的错误，并愿意为改善关系而努力。

恰当地予以批评，别让对方心存不服

批评在人际交往中是常见的。当我们与他人交往时，难免会遇到不同意见、错误或不满意的情况，这时批评就可能出现。批评在一定程度上是有益的。通过妥善处理和运用批评，可以促进我们的成长和关系的改善，同时避免不必要的冲突和误解。

批评是一种语言的艺术，需要谨慎处理。正确的批评可以促进个人成长和改善关系，而错误的批评可能会伤害对方的感情并破坏关系。批评应该是建设性的，目的是帮助对方改进和成长。通过使用适当的语言和态度来表达你的观点，可以增加对方接受批评的可能性，并避免对方心存不服。

批评需要谨慎处理，过度批评或不当的批评方式可能会伤害他人的感情和破坏彼此之间的关系。因此，在进行批评时，我们应该保持冷静和理性，尊重他人的感受，并使用建设性的语言来表达我们的意见。

批评也应有边界：留有余地才更好相处

批评在日常生活中难以避免，当我们需要批评他人时，以下三种技巧可以帮助我们进行有效的批评。

1. 先扬后抑

给予批评时，先称赞对方的优点或之前的良好表现是一个很好的策略，可以帮助我们减轻被批评者的负面情绪，使对方更容易接受我们的观点。先肯定对方的优点或表现，我们向对方传达了对他们的欣赏和尊重。这样做可以建立起积极的氛围，让对方感到被理解和支持。随后，我们可以提及对方需要改进的地方，并提供具体的例子和事实来支持我们的观点。

2. 私下进行

公开场合批评他人可能会对对方的自尊心造成伤害，让他们感到尴尬或

受到羞辱。因此，私下进行批评是一个很好的选择。选择一个恰当的时机和地点，确保只有你和对方在场，这样可以提供一个更加私密和安全的环境，使对方更容易接受你的批评。同时，私下进行批评还可以提供更多的时间和空间来深入讨论问题，并找到解决问题的方法。

3. 提供解决方案

单纯的批评往往只会让对方感到沮丧和无助，而提供具体的解决方案可以帮助他们明确如何改进，从而有效地解决问题。在提出批评后，询问对方怎么看。这不仅可以确保对方理解了你的意思，还可以鼓励他们参与解决问题的过程。除了指出问题，还应该提供建设性的解决方案。

第三篇

说话要有尺度，沟通得有分寸

俗话说，“良言一句三冬暖，恶语伤人六月寒”，无论什么时候，说话都要注意尺度、掌握分寸。适当、有分寸的表达，可以让沟通变得更顺畅；毫无分寸的话语，则会把一切都搞得乱糟糟的。一般来说，说话委婉、会打圆场、会打感情牌且能够投人所好，这些都是说话有分寸的表现。

从他人兴趣入手，不要着急切入主题

一百次无效沟通都比不上一次有效沟通。有效沟通，既能增进彼此的了解、互信，又能助人成才成事。投其所好，从别人的兴趣、喜好切入话题，恰恰是实现有效沟通的第一步。

每个人都有自己的爱好，有的喜欢旅游，有的喜欢金融，有的喜欢八卦……如果沟通的时候，你能投其所好，从他最感兴趣的话题入手，引起共鸣，无论说什么，都能事半功倍。

投其所好，从兴趣点切入，不仅能迅速消除彼此的陌生感、距离感，还能增强彼此的信任。具体来说，要投其所好，需要注意以下几点。

寻找兴趣点

要投其所好，首先我们需要知道别人的“好”，也就是兴趣点是什么。寻找的方法有许多，可以旁敲侧击，可以直接询问，可以巧妙地引导，可以

多渠道收集线索，也可以和熟悉的人打听。

提前做好功课

所谓“磨刀不误砍柴工”，寻到别人的兴趣点之后，就火急火燎地去献殷勤，并不是什么好事。最恰当的做法应该是针对这个兴趣点，提前做做功课，比如查查资料，多了解一些相关知识，这样沟通时才能有的放矢、言之有物，顺利地和别人聊下去。

不要生硬切入

找到兴趣点，提前做好功课，并选择一个合适的时机，自然而然地切入话题。不能生拉硬扯，也不能无端地转移话题，要注意场合、情景，否则，只会让人感到尴尬和刻意。比如，明明是商务宴会，大家都在讨论股票、债券、国际金融形势，你却非要投其所好，和喜欢滑冰的人谈滑冰技巧，这就很不妥。

巧妙借用外物

有的时候，为了更好地切入话题，尤其是让沟通对象感兴趣的话题，我们不妨巧妙地借用一下外物。比如一本对方书房中被翻旧的书，比如大家正在探讨的旖旎风景……总之，你要巧妙地激发别人沟通的热情，如此才能让

沟通渐入佳境。

不急勿忘，牢记主题

如果你投其所好是为了加深对对方的了解，和对方做朋友，那么，顺着兴趣点一直聊下去自然没什么；如果你只是想以兴趣为切入点，缓和下氛围，还有另外的目标和任务，那么，就要注意，不要太急着切入主题，太急了很可能前功尽弃、引人反感。当然，也不能太投入，不然聊着聊着把正事忘了，让自己陷入尴尬。

学会委婉表达，把握好沟通中的分寸感

同一件事，用不同的话语表达，效果会截然不同。“言值”高的人，总能掌握沟通中的分寸，用更委婉、更柔和、更容易使人接受的方式把话说出来，成人成己，兼顾表里，两全其美。

虽然直率、真诚是一种美好的品质，但有的时候，说话太直接，不懂委婉，不仅会伤害别人，让人下不来台，还会让自己戴上“莽撞”“不知趣”“无分寸”的帽子，伤人又害己，实不可取。

说话委婉含蓄、直话曲说、忠言婉说，不仅是一种技巧，也是一种修养。那么，如何才能把话说得委婉些呢？

玩笑式的批评

对别人不满的时候，不要直接指责，更不能当众给人难堪，否则，很容易激化矛盾、引发冲突。这时，以半开玩笑、半认真的方式，含蓄地调侃批评，表达自己的不满，才是最恰当的。

学会装糊涂

在日常生活中， 与人交际是不可避免的，我们每个人或多或少都会遇到意想不到的人或事儿，有些事儿处理不好，委实让人尴尬。此时，揣着明白装糊涂，把事情糊弄过去，或者用“顾左右而言他”的方式来委婉提醒、告诫，都是不错的选择。

善于暗示

有些话，哪怕是出于好意，哪怕是忠言良言，如果直接说出来也难免会伤人。这个时候，与其忠言逆耳，倒不如变通一下，用暗示的方法来表达，换句话说，通过打比方、大词小用、夸张等方法来隐晦地表达自己的看法、想法、意见，让对方领会到你的“言外之意”，比如告诉一个胖姑娘，“代餐粉既有营养又耐饿”，言外之意就是“你该减肥了”。

巧妙曲解

虽然故意歪曲词语、句子的意思是不对的，但有些时候，巧妙地赋予一些词语新的意思，善意地“曲解”人的话语，却能有效地缓解气氛、调动话题，让沟通变得更欢乐、更融洽。另外，在被针对、被刁难的时候，适当地“曲解”词意，也能在缓解自身尴尬处境的同时，委婉有力地回击对方。

软中带硬

委婉是一种礼貌，但说话委婉并不代表我们性格懦弱、不计较；打圆

场是一种智慧，但愿意打圆场不代表我们喜欢和稀泥。所以，在人际交往中，我们说话可以委婉，但态度不能软弱。相反，我们要软中带硬，巧妙但坚决地表明自己的信念和态度。否则，很容易被人看轻，当成软柿子、老好人。

适时转移话题，别让沟通失了趣味

并不是每一次沟通都让人感到愉快。在发现某个话题继续聊下去就会起冲突的时候，与其强行推进，倒不如适时退一步，以迂为直，从长计议，巧妙地将话题转移。

在日常沟通中，转移话题是一种很实用的技巧。转移话题并不是逃避，也不是妥协，而是在缓和气氛，因为换一个角度、换一种方法，可以更好地切入正题。

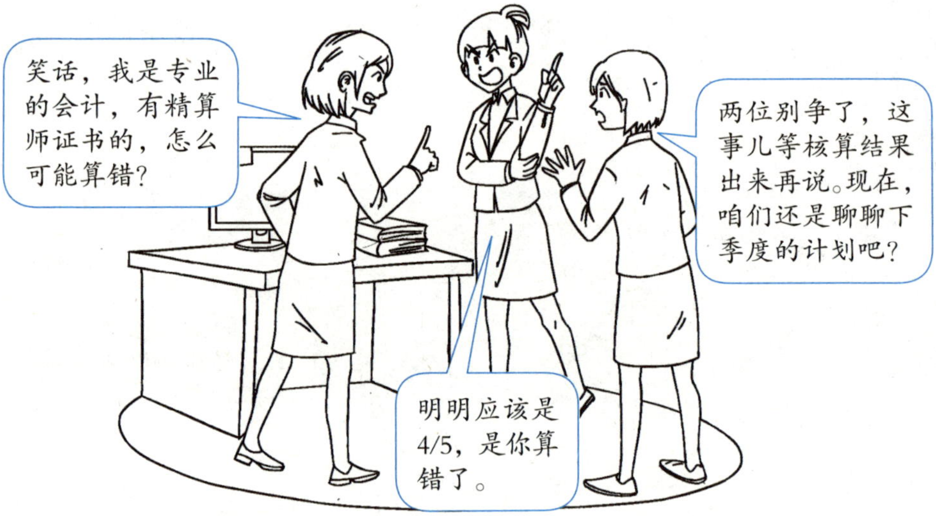

遭遇意外状况，沟通陷入死胡同，烦不胜烦，或者有话不想说，也不好说的时候，都可以试着转移话题。怎么转移呢？诀窍如下。

顺水推舟

把一艘船移到远岸很难，但顺水推舟，把船推到邻近的码头却很容易。

同样地，转移话题时，生硬地转换一个无关的新话题会很尴尬，把话题引到与原话题相关、相近的新话题上却很简单。

换位思考

虽然人和人的悲喜并不相通，但有些时候在面对某些状况时，反应却是相同的。比如，难过了都会哭，被纠缠了都会厌烦。所以，沟通时，不妨将

心比心，把自己当作对方，设身处地想一想，如果我是他，会有什么反应、会喜欢听什么，然后试探着转换话题。

答非所问

在被恶意刁难和针对时，我们可以通过答非所问的方式，巧妙地避开“攻击”，以转移话题、化解困境。但要注意的是，答非所问，并不是人家问东、你回答西，故意装疯卖傻，而是善意曲解、故意含糊，把模棱两可的话说得合情合理，让人明知道你是在转移话题，却又无可奈何，想要挑毛病都挑不出来。

偷梁换柱

偷梁换柱，顾名思义，就是使用一些小心机、小技巧，偷换话题，将话题引到更有利于我们的情境中。

被人不断逼问某件事却不想回答，被纠缠而急于摆脱，遭遇变故、处境尴尬时，我们都可以巧妙地使用这种方法，偷换情境、“曲解”句意，从而在“不撕破脸”“不破坏气氛”的前提下化解尴尬的气氛。

另辟蹊径

当沟通的双方意见极不统一、分歧很大的时候，“一条路走到黑”，真的不是什么好主意。这个时候，即便再急，也要适时停止，转换新的话题。新话题最好表面上与正题无关，却能触及对方的兴趣点。

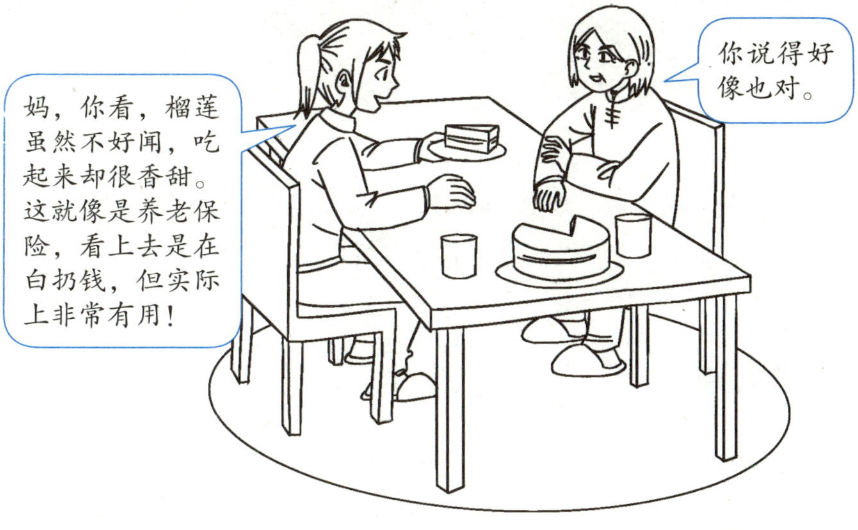

说明利害得失，晓之以理动之以情

趋利避害是人的天性。无论是谁，在做选择、做决定的时候，都会认真地衡量一下利弊得失，所以想说服某个人、办成某件事，最常用也最有效的办法就是阐明利害，晓之以理，动之以情。

沟通的目的是什么？是说服。说服别人，让别人按照我们的意愿，和我们建立友谊、相互帮助，达成合作。说服的方式有很多，比如晓之以利，比如告之以害，比如阐明得失利弊……

作为成年人，该懂的道理其实都懂，假大空的说教除了惹人厌烦，毫无用处。若想说服别人，需要做到以下五个方面。

阐明利害

人都是自私的，大多数时候，人们所有的行动都是以“对自己有利”为前提的。因此，要说服一个人，就得明确告诉他，这件事对他有什么好处或坏处，让他自己权衡即可。

分析得失

每个人都有自己的是非观，会判断，亦会衡量，当沟通过程中发生分歧、矛盾，或者某个人因情绪激动，近乎失控时，干巴巴地讲大道理根本就没用，强势的硬刚更是火上浇油，态度柔和地阐明得失才是最佳的方法。

将利害具体化

很多时候，我们之所以无法说服别人，就是因为说的话是假大空。

你说这么做是对他/她好，但好在哪儿呢？你说这么做有害处，有什么害处呢？你说他/她不该这么做，为什么不该做呢？如果你能把这些都具体化，一条一条地列出来，讲给对方听，效果肯定比泛泛的劝诫更好。

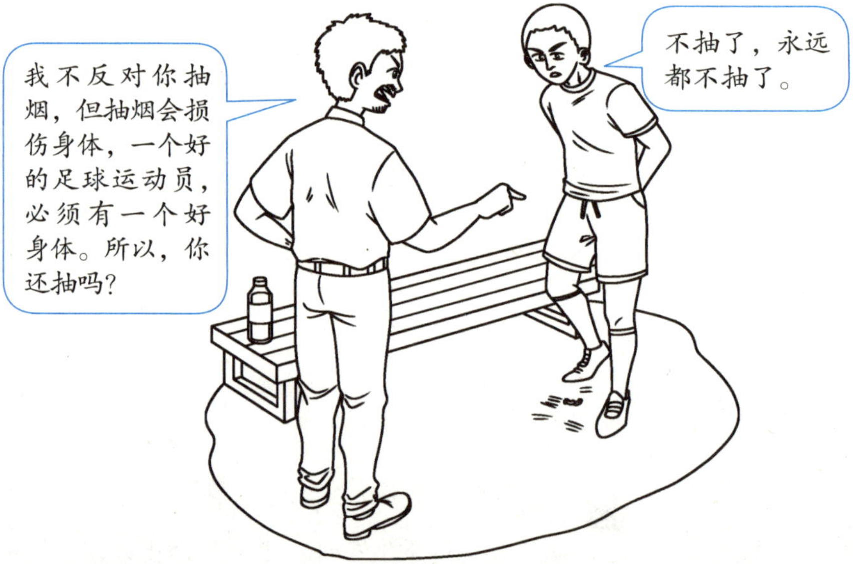

善用前车之鉴

“以铜为鉴，可以正衣冠；以史为鉴，可以知兴替；以人为鉴，可以明得失。”很多时候，空口白牙的劝说是不可能说服人的。要想令人信服，

我们要既会“讲道理”，更会“摆事实”，用已经发生过的成功或失败的例子，用发生在名人榜样或者周围人身上的真实经历去劝说，才能有的放矢、事半功倍。

动之以情

人非草木，孰能无情？很多时候，其实人们都是“吃软不吃硬”的。

大道理每个人都懂，但懂得并不代表一定要照做。有时候，出于自尊、碍于面子，我们就算是错了也不愿意认错，这个时候，最重要的就是要动之以情。只要在情感上形成了共鸣，彼此真心地信任和认同了，再说服就会容易很多。

巧妙拉拉家常，用人情味儿拉近距离

要想和对方快速建立关系、拉近距离，最好的方法就是拉家常。在战略战术中，我们讲究攻心为上，同样的道理，在与人交往时，想和对方尽快熟悉起来，乃至化干戈为玉帛，攻心是最快的方法。

平时在与人打交道时，多和对方聊聊家常，比如可以询问对方家里人的身体情况啊，问问对方最近去哪儿了，怎么好久没见到了呀，等等。对方会从你关切的话语中感受到你的真情，察觉到你对她的重视，进而拉近彼此间的距离。

自发融入群众

当一个人面对地位在自己之上的人时，往往会觉得低人一等。这时，身居高位的人就要自觉自发地融入群众中，这样才能得到群众的尊重和信赖。新任领导要想打造融洽的人际关系，就必须走到群众中，和群众打成一片。

用闲聊消除陌生感

如果说沟通是增进人们情感互动的有效方式，那么拉家常式的闲聊就是这一方式的重中之重。尤其是对彼此还不够熟悉的沟通对象来说，适当地用闲聊的方式进行沟通，不仅能化解初见时的陌生感，改善沟通氛围，也能在一定程度上拉近彼此之间的距离。

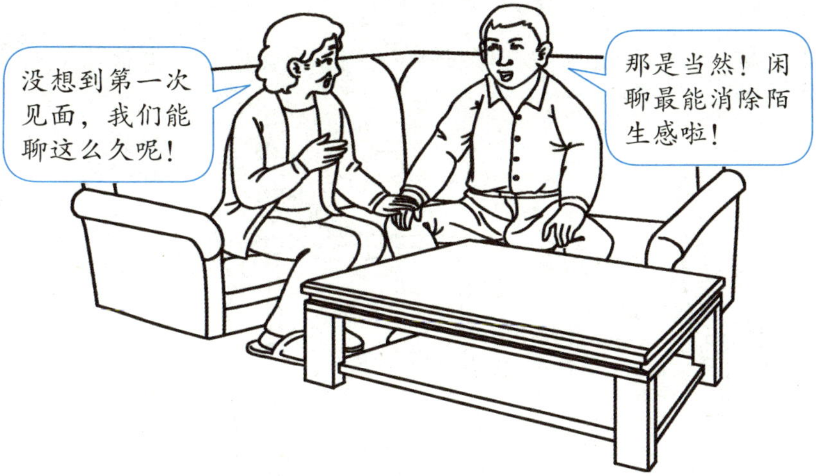

适当表达你的兴趣

很多人会觉得，在沟通的过程中，拉家常不仅不能帮助达成沟通目标，而且还会耗费时间和精力。其实他们所不知的是，拉家常不仅可以帮助人们建立沟通关系、增进情感联系，还能够在很大程度上激发沟通对象的表达欲，从而让你们的沟通更加顺畅。

言谈要有人情味

不同的人，说出来的话自然也是风格各异。但有一点需要注意，那就是无论我们采用哪种说话风格，人情味是绝对不能丢弃的要点。所谓人情味，就是要求我们在沟通过程中懂得一定的底层逻辑，也就是从对方的需

求和关注点出发，让彼此间的交谈保持同一起跑线，如此才能让交谈顺利地进行下去。

让对方感受到重视

有些人对自我过度关心，聊天时也一直聊自己，这样只会让对方厌倦与你聊天。

那些在人群中受欢迎程度高的人，通常更看重他人的需求，引导对方说发生在自己身上的事情。比如询问对方的上班地点、所从事的工作、兴趣爱好等，以让别人觉得你足够重视她，这样她才愿意继续跟你交流下去。

把握沟通尺度，风趣的话要适可而止

在与人打交道时，为了让氛围更加轻松、沟通效果更加显著，可以加点儿风趣的“调料”。风趣的人，不管走到哪儿，都会给人带去欢乐。风趣的表达是心与心之间的碰撞，是促进爱和友谊升华的调节剂。

然而，风趣的表达也要把握好度，恰如其分才能给生活添姿添彩，如果使用过度，则会伤害到别人的感情。这样不仅会和你的目标背道而驰，还会让事情持续恶化，造成难以弥补的后果。

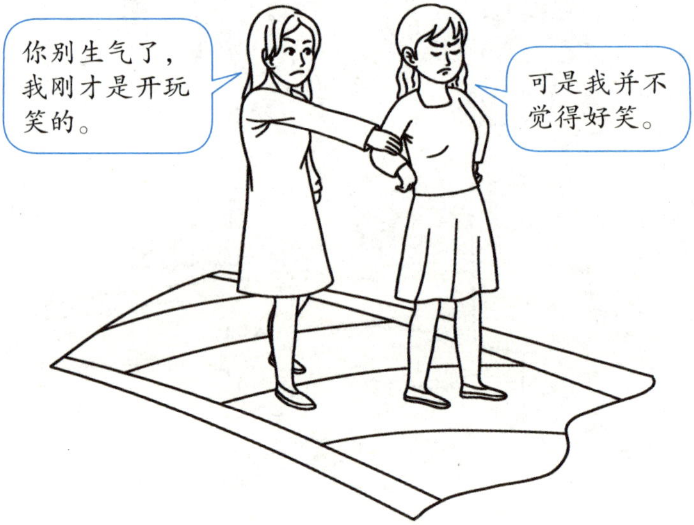

闲聊时喜欢开玩笑的人基本上本意都是好的，并没有故意拿别人开涮的意思，可是如果不拿捏好分寸，就会造成恶性后果。

适当的风趣

真正的风趣都是在限度的范围内，超出这个范围，就不能称为风趣。适当的风趣要从善良的角度出发，不可过度。不可用别人的宗教信仰、身体缺陷等来表现自己的风趣，这样只会让他人受伤。

风趣表达的注意事项

首先要考虑到听众的实际情况，比如文化水平如何、家庭背景如何等。其次，风趣要以尊重为基础，表达时要保持谦逊和礼貌。再次，风趣是缓解气氛的一种方式，不要引起不必要的冲突。最后，风趣只是一种谈话的调剂品，不能成为主旋律。

懂得以情动人，才能做到以理服人

在与人打交道时，动之以情、晓之以理是我们要遵循的总原则。理要以情为基础，情要以理作为后盾。与人交往时，遇到麻烦是在所难免的，一定要戒骄戒躁，避免让自己陷入难堪的境地。

在与人沟通时，要高举“理”的大旗。当然，也不要得理不饶人，或者过于用“情”，把握好尺度才是关键。擅长综合运用情理，你就能在人际交往中游刃有余。

在和他人打交道时，要先和对方在情感上产生共鸣，再适时讲一些道理，对方才愿意聆听，谈话才能进行下去，并取得比较好的效果。

沟通的技巧

在与他人交往时，遇到一些麻烦事是在所难免的，这时我们就需要和他人沟通。在沟通时，要先讲情，不埋怨、不指责，并真诚地夸赞对方，让对方愿意和你共处。还要学会讲理，在了解清楚事情的真相以后，再提出你的观点。

先别着急否定

要想在沟通中做到“以理服人”，最重要的是千万不要着急去否定他人，尤其是当他人有做得不对的地方时，我们更应该静下心来进行沟通，先肯定对方做得好的地方，如此才能降低对方的心理防线，然后在此基础上耐心指出对方的不足之处。只有这样，才能在循循善诱中让对方认可你，从而让彼此间的沟通达到预期的效果。

学会正确拒绝，不要事事都顺着他人

一个人只有懂得拒绝别人，他才真正成熟了。很多人不会拒绝别人，也不懂如何拒绝别人，最后让自己的内心饱受煎熬，真的是得不偿失。拒绝别人不一定会让别人受伤，其实只是你自己内心无法忍受被人拒绝的滋味罢了。

在实际生活中，别人可能会向我们提出一些不合理的要求，或者我们不愿意接受的要求，这时我们就要学会拒绝。要知道，拒绝别人并不代表你就是个冷血的人，而这只是出于保护自己的需要。

一个人如果不会拒绝别人，那么他就会被别人牵着鼻子走，缺乏自己的主见，甚至会让自己身陷困境。学会拒绝别人，你才能收获心灵的自由。

拒绝的技巧

拒绝别人时，也要讲究一定的技巧。我们可以坚定且委婉地说出自己的想法，说出自己拒绝的原因，但不要解释太多，只要清晰地表达自己的立场即可。此外，我们还要注重身体语言、神态、语气等一些非语言沟通方式的运用，让对方充分感受到我们的诚意，更易于接受你的拒绝。

弄清自己的底线

那么具体要如何拒绝呢？在拒绝别人时，我们要先一步弄清楚自己的底线在哪里，在什么情况下，我们一定要拒绝。拒绝别人后，要给予对方消化情绪的时间，不要急着为自己辩解。当我们拒绝别人之后，不要陷入愧疚的情绪中。要知道，有时候拒绝是为了保护自身，是不得已之举。

选择合适的时机和场合

拒绝别人时也要选择合适的时机和场合。当他人情绪起伏不定或焦虑不安时，我们可以晚一点儿再提出拒绝，给予他们适当的安慰，以免加重他们的焦虑情绪。另外，在拒绝他人时，要运用和善的语气和态度，表达对他人的尊重。比如，你可以说：“感谢你的盛情邀请，但我实在是有其他事情要做，所以很抱歉不能赴约。”

第四篇

掌握沟通之法，拒做话题终结者

在人际交往中，沟通起着至关重要的作用。日常生活中，我们经常面临着各种问题和挑战，而善于沟通的人通常能够通过有效的沟通解决问题，增进彼此的信任。我们能够以清晰、简洁且有说服力的语言表达自己的观点，让对方感到被尊重和被重视。这样的人能够用温暖的言辞触动他人的内心，让对方感到愉悦和舒适，从而更有助于解决问题。

提前打好腹稿，胸有成竹才能说服人

说话的困难之一是无法改变已经说过的话。一旦你说出了口，就无法再收回，你需要承担所说的话语可能带来的影响和责任。因此，在说话之前，我们应该认真思考自己想要表达的内容和要点，并尽可能清晰、准确地表达自己的观点和情感。

在和他人沟通的时候，我们可以在说话前在脑海里打一个腹稿，制订一个说话的提纲，这样可以帮助你更清晰地表达自己的想法，并避免说出一些无法挽回的话。但要记住的是，提纲只是一个指导，实际对话中可能会有变化。我们应该灵活应对变化，并尽量保持开放和尊重的态度。

精准沟通的秘密武器

在开口之前，要明确自己的目的和意图，思考要传达的内容和要点，这有助于我们更清晰地表达自己的想法，并避免在沟通过程中迷失方向。打腹稿是一种通过深思熟虑和充分准备，使我们的言辞更加深入人心并产生影响的技巧。这样做可以帮助我们提升沟通效果，使我们的言辞更加触动人心，并与他人建立更紧密的联系。

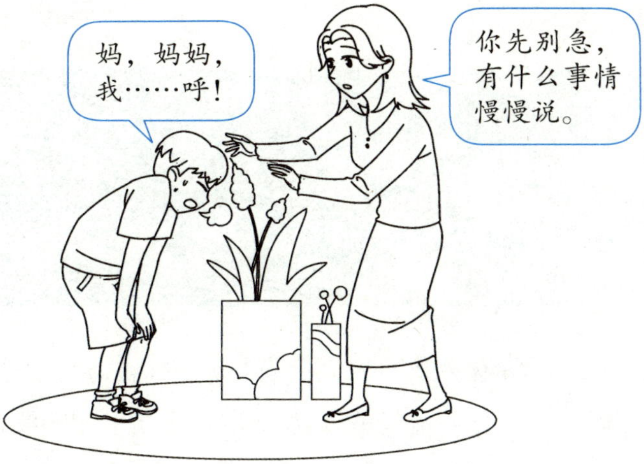

下面讲述的一些方法和技巧，可以帮助大家掌握打腹稿的正确方法。

1. 精简表达：用最简洁的语言表达自己的观点和想法，让表达更加直接、明了。

2. 突出重点：在言辞中突出这些重点。通过强调关键词或使用不同的语气和语调来突出重点，让听众更容易理解和记住。

3. 逻辑清晰：将内容按照一定的顺序和结构进行组织，确保言辞的连贯性和一致性。

注意你的用词，清晰表达自己的意愿

在日常生活中，我们不可避免地要与他人进行交流和沟通。无论是与家人、朋友、同事，还是陌生人，说话都是我们表达自己想法、分享信息和建立联系的重要方式。因此，会说话就显得尤为重要，它可以帮助我们更好地与他人交流和建立联系。

一般来说，具备说话技巧的人拥有特殊的魅力和影响力。因为他们懂得如何运用精准的措辞和流畅的表达与他人建立密切的联系；他们善于围绕主题展开，有条理地阐述观点，使听众更易理解和接受；他们善于运用故事和例子，通过生动的描述和真实的情境，让抽象的概念变得具体有趣。此外，他们还善于运用声音、语调和肢体语言来增强表达的效果，使话语更具感染力。说话技巧高超的人能够引发共鸣，打动听众，并与他人建立深厚的关系。

会说话是一种非常重要的技能，它能够帮助我们建立良好的人际关系、增强自信、提高工作效率和个人魅力。因此，我们应该注重培养自己的说话

能力，不断提高自己的表达能力。

人际沟通的魔法棒

拥有良好的沟通技巧和表达能力，就像拥有了一把打开人际关系大门的钥匙。通过流利而有力的言辞，我们能够与他人建立有意义的联系，分享彼此的想法和观点，分享彼此的经验和知识。我们可以用语言引发情感共鸣，给予他人希望和鼓舞。会说话的能力有助于我们解决冲突和问题，促进彼此的合作和理解。通过恰当的语气和语调，我们能够传递出关怀和关注，让他人感受到我们的真诚和善意。清晰而有条理的表达可以使我们的想法更易被接受和理解，让我们在团队中发挥更大的影响力。

说话的艺术：用言语创造共鸣

说话的艺术不仅仅在于传递信息，更在于用言语创造共鸣。如果我们掌握了这门艺术，我们的话语就能够触动他人的内心，引发情感的共鸣，传递出深层的意义。通过精心选择词汇、调整语气和语调，我们能够创造出一种独特的氛围，让他人感受到我们的情感和意图。这种共鸣能够建立紧密的联系，促进彼此的理解。因此，说话的艺术不仅仅是一种技巧，更是一种能够触及人心的力量。

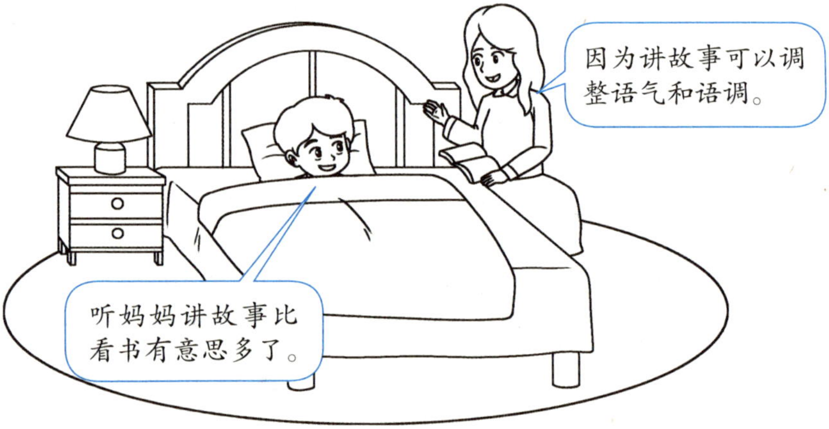

日常生活中，并非人人都擅长说话，说话也有一定的技巧，以下三种方法可以有效提高说话的能力。

1. 重视倾听的力量

有效的沟通不仅仅是说话，更重要的是倾听，倾听是有效沟通的关键。通过仔细聆听他人的观点和意见，我们可以更好地理解他人的立场和感受。同时，观察非语言信号，比如身体语言和面部表情，可以帮助我们捕捉到更多的信息。通过练习倾听和观察，我们可以更准确地回应他人，并且可以避免一些误解和冲突。

2. 善用肢体语言

肢体语言在沟通中扮演着至关重要的角色。保持眼神接触是建立信任和亲近感的关键，它能够展示出你的关注和真诚。同时，保持自信的姿态也能

够增强你的话语影响力，让你显得更加自信和有说服力。因此，在沟通中，我们应该注重肢体语言的运用，通过眼神接触和自信的姿态来增强我们的表达力和影响力，从而更好地与他人沟通。

3. 幽默是润滑油

适当的幽默可以在沟通中起到缓解紧张气氛、增加互动乐趣的作用。当我们能够巧妙地运用幽默，它就可以成为一种强大的工具，使人们更轻松、更愉快地参与对话。幽默可以打破僵局，让人们感到更放松和舒适，同时也能够增进彼此的亲近感。然而，我们在使用幽默时需要遵守适度原则，并且要避免冒犯他人。幽默的目的是带给人们欢乐和轻松，而不是伤害或冒犯他人。因此，我们需要根据不同的情境和受众来判断何时使用幽默以及如何使用幽默。

善于举一反三，用譬喻来增强说服力

譬喻是一种比喻手法，通过将一个概念与另一个看似不相关的概念进行比较，来帮助人们理解和记忆信息。当我们用譬喻来表达时，可以更生动地传达出我们的想法和意图。生动的譬喻往往更容易被记住。通过将复杂的概念或信息与具体的、生动的形象相结合，可以帮助听众更好地记住我们的言辞，从而提高信息传达的效果。

使用譬喻可以激发听众的想象力，帮助他们理解抽象的概念。它可以使沉闷的话题变得更有趣，并提高人们的参与度。此外，譬喻还可以帮助我们将复杂的概念简化并与日常生活联系起来，使之更易于理解和记忆。通过譬喻，我们可以更清楚地阐述自己的观点，并使其更具说服力，从而更容易让听众接受我们的观点。因此，在沟通中，我们要善于运用譬喻来增强表达力和说服力，让我们的言辞更具感染力和影响力。

在沟通中，善于运用譬喻是一种有效的说服技巧，它可以帮助我们更好地与他人沟通和交流，实现更有效的合作。

沟通生活的指南针

譬喻被视为沟通生活的指南针。譬喻就像黏合剂一样，能够紧密地连接言语和听众的情感及思想，从而创造共鸣。譬喻是一种强大的沟通工具，可以帮助我们更好地表达和传达我们的想法、情感和观点。通过巧妙地使用譬喻，我们可以提高沟通的效果，建立深入和有意义的连接，并在各种情境中更有效地传递信息。譬喻应该是恰当的，并且与特定的情境和听众相匹配。我们还应该避免使用冒犯性或误导性的譬喻，以免引起误解或不适。

和他人交流时，善用譬喻需要一些技巧。

1. 譬喻要适当：要确保你选择的譬喻与你要传达的信息和目标相匹配。一个恰当的譬喻能够准确、生动地表达你的意思，而一个不恰当的譬喻可能会引起误解或混淆。

2. 以听众为中心：使用譬喻时，要考虑到听众的背景和知识水平。因此，要尽量选择那些与听众日常生活经验相关的譬喻，这样他们才更容易产生共鸣和理解。

3. 要适度使用：虽然譬喻是一种有力的沟通工具，但过度使用也可能导致混乱或分散注意力。因此，要适度使用譬喻，只在必要时使用。

做到换位思考，站在对方立场想一想

换位思考是人际交往中非常重要的一种技巧和态度。它指的是能够从对方的角度去思考问题，设身处地地理解对方的想法、感受和需求。在我们的日常生活中，处理人际关系是一个不可避免的环节。在这个过程中，换位思考起着至关重要的作用。

通过换位思考，我们能够更好地理解他人的立场、需求和感受，从而建立更加和谐、稳定的人际关系。它有助于我们消除误解、化解矛盾，避免冲突升级，增进彼此之间的信任和理解。换位思考也是一种积极的人生态度。它让我们学会尊重他人、关心他人，关注他人的需求和感受。这不仅有助于我们建立良好的人际关系，提升个人魅力，还可以进一步增强社会适应能力。

在人际交往中，换位思考能够消除误解、化解矛盾，增进彼此之间的信任。这种思考方式有助于我们打破自己的思维定式，走出自己的认知盲区，以更加开放、包容的心态去理解他人。

人际交往的心灵之光

与人交往的时候，换位思考就像一束明亮的光芒，它能够照亮我们的心灵，照亮我们与他人之间的关系。当我们运用换位思考这种方法时，就等于打开了心灵的大门，允许他人的想法和感受进入我们的世界。这束心灵之光能够穿透我们自身的局限和偏见，照亮他人的内心世界。它能够让我们真正理解对方的处境，感受他们的情感和需求。它将我们与他人紧密地联系在一起，创造共鸣和理解。

换位思考：用言语创造共鸣的秘密武器

在人际交往中，换位思考是一种重要的技巧，它能够帮助我们理解他人的需求和感受，从而更好地与他人沟通。而这种技巧也可以成为我们用言语创造共鸣的秘密武器。当我们站在他人的角度思考问题时，我们就能够更准确地把握他们的意图和感受，从而在言语上更加贴近他们的内心。这样的言语不仅能够传达我们的意见，更能够触动他人的情感并引发共鸣。

换位思考可以增进人与人之间的理解和沟通，但换位思考是一个需要实

践和培养的技能。

1. 逆向思考

换位思考的核心就是逆向思考。通过从对方的角度出发，想象自己处于对方的位置，我们便可以更加深入地理解对方的情感、需求和动机。这种逆向思考可以帮助我们打破自己的思维定式，走出自己的认知盲区，以更加开放、包容的心态去理解他人。通过逆向思考，我们可以准确地掌握对方的意图和感受，从而在沟通中更加贴近对方的需求。

2. 角色扮演

角色扮演是一种非常有效的换位思考技巧。通过扮演对方的角色，我们可以真实地体验到对方的感受和处境，从而更加深入地理解对方。在角色扮演的过程中，我们可以选择一个关键的情景或问题，尽量模拟对方的思维和情感反应。这可以帮助我们准确地理解对方的立场和需求，从而找到更好的解决方案。

3. 主动问询

主动向对方提问是一种非常有效的换位思考方法。通过问询对方的观点、感受和需求，我们可以更全面地了解他们的立场，从而更好地理解他们的情感、需求和动机。同时，我们还要注意提问的方式和语气，要尊重对方，避免使用攻击性的语言或语气。通过温和、友好的提问方式，我们可以与他人建立更加良好的沟通和信任关系。

学会耐心倾听，听得懂才能有效说服

我们与他人交往时，首先要学会的是倾听。认真听别人说话，不打断别人讲话，也不急于做出判断。只有这样，我们才能了解别人的想法和感受，从而建立更好的沟通关系。

心理学家说过，当我们向朋友倾诉某件事时，并不是想得到帮助或建议，只是想倾诉自己遇到的事情，以此减轻心理压力。如果对方能够认真倾听，我们就会觉得自己不那么孤单了。

倾听是要用心聆听别人的话，注意对方说话时的语气、语调和表情，理解他们的感受，并给予积极的回应。

用心倾听

当我们倾听时，要全神贯注地听别人说话，不要打断对方或过早地表达自己的意思。同时，用眼神和肢体语言表达出我们在认真倾听，让别人感受到我们对她的关注和尊重。

用心理解

我们不但要用心倾听对方的言语和情感，还要用心去理解。用自己的思维和情感去理解和感受他人的想法和意愿，并从他人的角度去思考和了解问题。

我们只有用心去理解他人，才可以理解他人的需求和情感，从而更好地与他人沟通和交流。

用心表达

当我们用心去倾听和理解别人的话，并收获信任之后，就需要我们用自己的语言，真实、准确地表达出自己的想法。

用心表达需要我们首先认真倾听，理解别人的意图，然后用恰当的语言表达出来。

用心沟通

我们要用心倾听对方的想法和感受，深入理解对方。我们要保持真诚和耐心，尊重对方的意见和感受，并尽可能地用清晰、准确的语言表达自己的想法。只有这样，我们才能真正地理解彼此，实现有效的沟通。

用心沟通是人与人之间交流的一种方式，是获得信任和尊重的最佳方法。

认同性表达

在沟通的方式中，除了用心倾听，我们表达时的语言也很重要。如果我们用认同性的语言述说自己与之相同的观点，那么就很容易得到对方的信任，让他更加愿意表达自己的想法。

真诚感谢

当我们表达了自己的观点之后，倾听式的沟通就到了最后一步，用真诚的感谢来收尾。我们用真诚的语言和态度来表达，这样才能让对方感受到我们的诚意，让彼此间的关系更加亲近。

突破思维禁锢，用巧言妙辩化解困境

我们在面对突发事件时经常会手足无措，而后言行举止都变得畏畏缩缩，事后又懊恼当时自己的行为不得体。

面对突发的困局，我们需要突破思维的束缚，利用自己的知识储备和思维，用联想等方式巧妙地化解问题。

常言道："人非圣贤孰能无过"。在日常生活中，我们时常会出现说错话、办错事的情况。此时，比起一味地尴尬或者逃避，最有效的解决措施莫过于打破思维上的禁锢，也就是直面自己遇到的困境，然后试着用巧言妙辩来打圆场，将自己的犯错成本降到最低。

第一才子被嘲

乾隆到访军机处，纪晓岚因衣衫不整就躲到了桌下。乾隆故意不离开，纪晓岚热得受不了喊出："老头子可走了？"

乾隆佯装生气，命令他出来，纪晓岚只好从桌下钻出来，结果被乾隆嘲笑。

机智解释

乾隆生气地指责纪晓岚称他为“老头子”，纪晓岚机智道：“‘老’是因为臣民喊您万岁。‘头’是因为您是天下的主宰，所以才是‘头’。‘子’是因为您是天子，所以我才称您为‘老头子’。”

通过机智的解释，纪晓岚成功化解了乾隆的怒气，并得到赞赏。

把握提问诀窍，找到对话的突破口

提问除了能帮我们了解别人，还可以让我们更深入地思考自己的问题和感到疑惑的地方。同时，提问题还可以促进人与人之间的互动和沟通，建立更好的人际关系。因此，学会提问题是非常重要的。

巧妙的提问能够让人受到启发，激发别人的思考，引导他们发现新的事实和观点。巧妙的提问需要仔细思考，以明确、具体、有趣的方式表达问题，让人感到舒适并愿意回答。

通过提问，可以向他人或者自己寻找答案，帮助我们更好地理解问题并找到解决的方法。

直接提问

直接提问是一种明确、简洁的提问方式，能够直接表达出自己的问题和需求。在提问时，我们需要清晰地陈述问题，让别人能够快速地理解我们的意思，从而给出准确的回答。

间接提问

用含蓄委婉的提问方式来表达自己的意思，称为间接提问或诱导式提问。这种提问方式通常不直接明确地表达自己的问题，而是通过暗示或者提示让对方理解自己的意思，避免直接暴露自己的想法或问题，从而避免尴尬或麻烦。

兴趣提问

所谓兴趣提问，就是在沟通的过程中，对对方的表达内容表现出一定的兴趣。当对方感受到你的兴趣后，就会觉得自己的表述被他人耐心倾听了，于是就会爆发出更强烈的表达欲，也更愿意畅谈下去。在此基础上，你们之间的沟通关系会更进一步，后续的沟通也将会变得更加顺畅。

正确提问

当面对质疑性问题时，我们会觉得别人是在质疑自己的能力，在情感上觉得受到了伤害。因此，我们在提问时要避免出现这样的情况。

我们要想保证沟通的顺畅，就要保持开放和尊重的态度，理解对方的感受，从一个听众的出发点提问，这样才能让对方打开心门，从而进行有效的交流。

有效提问

好的问题可以启发对方思考，引导他们找到问题的答案，这种能帮助他人思考和解决问题的过程才是有效的提问。

在提问时，我们应该提出开放式问题，让对方能够自由地表达自己的想法和感受。同时，我们也要注意对方的回答和反应，及时调整问题，确保沟通的顺畅和有效。

说错话不可怕，另辟蹊径来自圆其说

我们经常会面临说错话的尴尬场面。这是一种常见的现象，这往往是因为语言表达能力有限或者疏忽大意造成的。说错话可能会让人感到尴尬或不舒服，甚至可能影响人际关系。

其实，说错话并不可怕，说错话后如何自圆其说才是最重要的，这是一种能力，需要在日常生活中不断练习。当我们不小心说错话时，可以运用一些技巧来化解尴尬，比如转移话题等。

我们在说出话后才察觉内容不恰当、不合适，与当时的气氛、场合或听众的感受不符，这时就需要我们自行圆场。

前后联系

说话时，语境随时会变化，这就要求我们说恰当的话适应新语境。紧跟

前面的说法，同时连接上后面的解释，前后紧密相连。

及时纠正

有时，说错话没关系，只要能认识到自己的错误并及时纠正就行。这样一来，不仅可以保持顺畅的交流，还有助于维护良好的人际关系。

调整语气语意

有时候，言辞的不准确会带来一些误解和困扰，但我们并非束手无策。就像水一旦泼出去就难以收回一样，错误的言辞也难以完全撤销。然而，我们在面对这种情况时，并非毫无补救的余地。通过灵活运用语气和语意的调整，我们能够在一定程度上弥补先前的失误。

首先，反应要迅速、及时。当我们意识到自己可能说错话时，要有足够的敏感性和觉察力。

其次，懂得顺着当时的情境来调整自己想要表达的意思。通过对情境的敏感洞察，我们可以更好地调整自己的表达方式。

最后，通过明确传达正确的信息，我们可以在一定程度上弥补因口误带来的损失，使沟通过程更加顺畅。

第五篇

会说话是王牌，成为沟通高手

“到什么山头唱什么歌，到什么场合说什么话。”由此可见，说话是要讲究分寸、讲究场合的。只有在合适的场合说合适的话，人与人之间的沟通才会变得顺畅，双方的交谈才能达到预期的目的。如今这个社会，会说话真的太重要了，而会说合适的话，才能让你离成功越来越近。

自信地说话，让你的表达更大方得体

我们常说有的人说话不经过大脑，事实上，那些随口就说出来的话，正好彰显了一个人的内心状态，包含着一个人的真实想法。一个不自信的人，总会说“也许是吧”“我太差劲儿了”等。

心理学研究结果显示，当一个人不自信时，他说出来的话都是模糊的。到了公开场合，更是恨不得躲到角落里，不让别人发现他。当有人询问他的意见时，通常会得到“可能是吧”“应该没错”这样模棱两可的回答。

在与人沟通时，如果你能够自信地表达自己的想法，不仅能给自己加分，还可以博得他人的好感，得到贵人的相助。

自信表达的前提

要想做到自信表达，首先要说一口流利且标准的普通话，清楚地表达你的意思，听者舒服了，双方的交流才会更愉悦。其次要拥有一个健康的心态，说话时不要有任何畏惧心理。

要做好充足的准备

当你在公开场合表达自己时，如果准备不充分，你可能会因为紧张而手足无措、直冒冷汗。所以，演讲前的准备工作非常重要。提前查好相关资

料，打好腹稿，私下多练习，不仅可以让你更快地进入状态，还可以及时发现自己的不足之处并予以改正。

培养幽默感，提升自信

要想提升自信，一个很重要的方法就是培养自己的幽默感。在演讲的过程中，你可以适当幽默一下，这样不仅可以放松紧张的心情，也可以吸引观众的注意力。同时，你还可以将微笑、眼神等非语言方式派上用场，把你的真诚和自信传递给大家。在演讲现场，你还可以和现场观众互动，让观众更愿意聆听你的演讲。

积极的心理暗示

很多怯于在大庭广众之下讲话的人，都源于害怕说话，担心自己讲得不好，会遭到他人的嘲笑。事实上，这种心理是非常不健康的，觉得如果自己表现不好，别人就会想方设法嘲笑自己。这时就要发挥出积极的心理暗示，以此提升你的自信。通过积极的心理暗示，你会在公开场合表现得更加镇定、自信。

控制你的口头禅

很多人有自己的口头禅，有的是好的，有的是坏的，有的甚至是脏话，这些都会带给对方非常不好的感觉。在交谈的过程中，我们要适当控制一下自己的口头禅。

有情商地表达，别让刀子嘴豆腐心害了你

会说话的人不管走到哪里，都会让人如沐春风。相反的，哪怕你的心像豆腐一样柔软，你的嘴却像刀子一样伤人，那么你也会伤害到别人，哪怕你的出发点是好的，也会让他人对你敬而远之。

每个人都渴望得到他人的关心，当你说出很严厉的话，就会对对方造成伤害。时间一长，你们的关系就会变得无可挽回。所以，我们都要学会合理地表达自己的愤慨，要好好说话。

在这个世界上，最伤人的是语言暴力。如果对方是你在乎的人，请你一定要好好说话，不要让语言变成伤人的“匕首”。

如何“高情商”沟通？

1. 守住内心的纯良，收回嘲讽的话

如果你发自内心地觉得对方是为了自己好，那么你在和对方相处时，就

一定是和谐的、美好的。说话之前先过一下脑子，这句话该不该说，可不可以换一种方式表达？

2. 学会感恩，不要打着“爱”的旗号伤害对方

感恩你所拥有的一切，当你拥有一颗感恩之心时，你的肢体语言就会变得轻柔，整个人就会由内而外散发出自信。我们时常会见到一些父母，打着“爱”的旗号伤害孩子，最后只会让孩子离自己越来越远。

学会察言观色，精准识别他人的身体语言

我们知道，口头的语言表达可以用来沟通，也可以反映出一个人内心的真实想法。除了口头语言，还有另一种语言可以产生这样的作用，那就是一个人的身体言语。所以，要想获得更好的沟通效果，我们就要在沟通中学会“察言观色”。

在与人交流时，我们要学会察言观色，在认真聆听对方想要表达的内容的同时，也要注意观察对方的微表情，从中读懂他真正的想法，他为什么会这么说、他的语气如何、表情如何，再决定自己接下来该说什么。

在与人打交道时，察言观色是一项基本能力，学会了这一点，才知道自己要往哪个方向去，不至于翻船还不自知。

眼神传递一切

眼睛是最能传递出一个人的状态的。当一个人内心不愿意做某件事情

时，他就会露出不情愿的甚至是生气或鄙视的眼神。当一个人内心愉悦时，他就会露出欣喜、幸福的眼神。

一个人的个性是可以窥探的

一个人的语言、面部表情、无意识的动作，都可以传达出他内心的真实想法。如果一个人习惯于边说话边手舞足蹈，那他一定是个开朗的

人；如果一个人习惯于边说话边捏衣角，那他一定是个内向的人。只有了解并立足于对方的心理状态，才能达到事半功倍的沟通效果。

衣着是一个人的名片

俗话说，人靠衣装。一个人的衣着在很大程度上代表了一个人的气质、审美、喜好以及素养。通过观察一个人的衣着，我们可以窥探出他的心理状态。当你具备了这种观察能力时，就可以更准确地了解对方的性格特点、身份地位、心理活动，进而采用合适的沟通方式，让谈话变得更融洽。

细节为你保驾护航

从一个人的言行中，我们可以看出他的品行。同样地，一个人的微表情也会透露出他内心的真实状态。这就提醒我们在和他人打交道时，要通过对对方细致入微的观察，来洞察他人的内心状态，并选择合适的交流方式。往大的方面说，通过观察细节，还可以帮你预防潜在的危险，消除隐患。

察言观色的重要性

在与人打交道时，要想让沟通顺畅地进行下去，就要学会一项技能——察言观色。当对方脸色有变时，就要考虑换一个话题。在听对方说话时，我们要保持专注，不仅要注意对方说话的语气和态度，还要关注对方说话的内容，从而准确地判断出对方想要表达的真实想法。当然，这项技能是需要长期练习的。

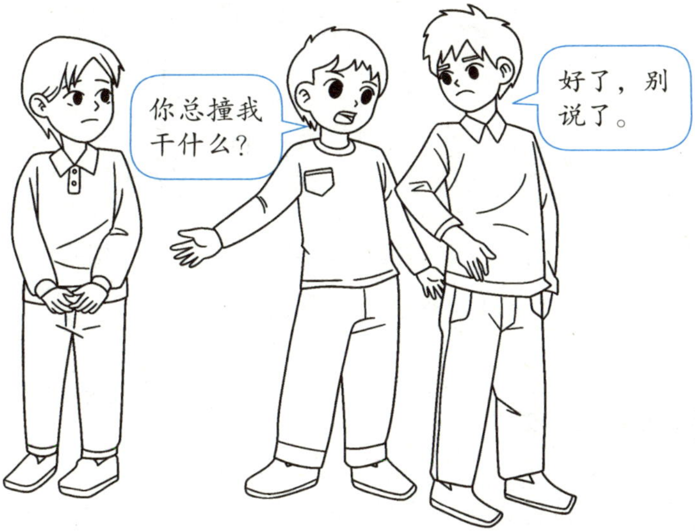

提升你的口才，用合理的方式说服他人

在生活中，人们难免会产生分歧，这时如果你只顾着讲大道理，那么你与他人的关系只会越来越远。相反，如果你完全放弃说服对方，又会让事情往更糟糕的方向发展。这时，你就需要懂得一些说服的技巧，从而达到你的目的。

在说服他人时，不但要运用好语言的技巧，还要选择合适的时机。比如当他人心情愉悦时，或者有探讨的欲望时，双方的交流才会取得令人满意的效果。比如，当一个人对自己的团队深表感激时，这时说服他们是最容易的。

在说服别人之前，我们必须知道对方心里是怎么想的，以此为基础找到合适的说服方式，才能让说服事半功倍。

找到共同点

我们要找到彼此的相同之处，取得对方的信任，心理学上的“相似效应”就是这样来的，人们更容易与那些和自己相似的人产生亲近感。比如两个人都喜欢踢毽子，可以考虑比试一下，等关系热络了，再谈事情、说服对方就变得容易多了。

登门槛效应

在说服对方时，我们可以先提一个简单的要求，让对方先行动起来，然后再提出进一步的要求，从而实现预期的目的。比如你想让对方减肥，可以

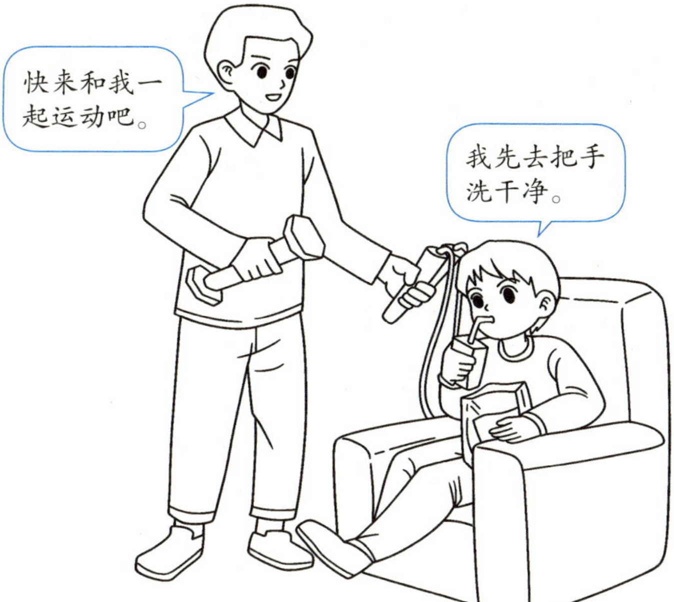

先让他每天花五分钟运动起来，等养成锻炼的习惯以后，再慢慢加大强度，最终实现减肥的目标。

多摆论据

当我们说服他人接受自己的观点时，必须拿出足够的论据，才能让对方信服。否则，一切都只是空谈，对方依然不会相信你。可以选择和主题相关的事例、数据来证明自己的观点。比如，你要想让客户选择某款产品，可以将一些权威人士或媒体对该产品的好评展示给对方看，这样对方才更易相信你给他推荐的是高品质的东西。

在认同的基础上说服对方

人终归是感性的，当你想要说服对方时，可以先从情感入手，和对方在情感上产生共鸣，增加你的个人可信度，这样对方才更容易接受你的观点。你可以说自己也曾经有过类似的经历，你当时是怎么处理的，有什么值得吸取的经验教训，然后再向他表明你现在的观点，这样对方才更容易接受你的想法。

给出明确的行动指令

在说服别人时，要向对方发出清晰的指令，明确告诉对方要怎么做，这样对方接受起来才容易一些。比如可以让对方看到这样做以后所产生的实际效果，对方就更容易接受了。假如我们不能提出具体的方案，只是停留在大话、空话、套话上，就难以让对方相信我们的观点。

注意说话的时机，在恰当的时候表达

在对的时候，说对的话，事半功倍；在错的时候，说对的话，事倍功半；在错的时候，说错的话，火上浇油；在对的时候，说错的话，无事生非。恰当的时机，说恰当的话，才最完美。

和人沟通时，不仅说话要有分寸、不轻浮、不僭越，还要审时度势、注意说话的时机。如果时机把握不好，即便是字字珠玑、金玉良言，也可能引起对方的反感，无端增加沟通的难度。

那么，什么样的时机才是恰当的时机？怎么说话才不惹人厌烦？这个并没有固定的标准，却有些约定俗成的经验，很值得借鉴。

悲喜同步，不唱反调

无论什么时候，沟通都该是一件让人舒心和愉快的事情。和人聊天、交际、相处的时候，就算做不到共情，起码要学会察言观色、不煞风景、不唱反调，人家高兴你报丧；人家难过你报喜，怎能不让人讨厌？

察言观色，简明扼要

当一个人心情愉悦、状态放松的时候，往往会比较好交流；相反，当一个人焦虑抑郁、愤怒狂躁的时候，无论说什么，他都听不进去。另外，说话时，务必一针见血、简明扼要，少说废话，否则即便选对了时机也办不成事。

懂得随机应变，根据不同情况选择语言

天有不测风云，人有旦夕祸福。在日常人际沟通、工作交流的时候，每个人或多或少都会遭遇一些意外的情况和变故。这个时候，就需要我们随机应变，根据具体情况来应对。

不是所有会说话的人都拥有好人缘，但几乎每个拥有好人缘的人都很会说话。他们很少滔滔不绝，却总能根据不同的情景、不同的场合，选择最恰当的语言，做出最好的回应。

这种能力，说得儒雅些就是懂得随机应变。想要做到这一点，需要我们从以下几个方面入手。

巧借外势和外物

遭遇尴尬和变故时，不要慌张，更不要胡乱圆场，务必保持镇定，仔细观察在场的人、事、物，找到对自己有利的、能够借助的、利用的，巧妙地周旋应对，以缓解尴尬、活跃气氛。

自我解嘲

谁能永远不遭遇变故呢？遭遇变故和意外的时候，笨拙的人会手忙脚乱，聪明的人则会以自我解嘲的方式来巧妙地拉近距离、摆脱麻烦。不要觉得自我解嘲是一种自轻自贬，事实上，恰如其分的自嘲，不仅不会被嘲笑，反而能彰显情商，让自己显得风趣又幽默。

转移注意，巧妙转圜

遭遇变故、被诘难、被攻击时，很多人习惯就事论事、以事论理，却不知道有时候理是讲不清的。非要执着于事情与变故本身，很可能会让事情变得越来越糟糕。所以，这个时候，最好的应对方法就是转变话题、移花接木，把注意力引到其他的人或事儿上，尴尬的气氛和处境才会得到缓解。

以不变应万变

根据不同的情况灵活地做出反应，当然是好的。但如果你的控场能力并不优秀，本身也没那么能说会道，那么，与其笨拙地打圆场、换话题，倒不如以不变应万变，假装自己是“鸵鸟”，没看见、没听见、不知道。只要遭遇变故的你不把变故当回事儿，别人自然也不会穷究到底。

以退为进

俗话说，退一步海阔天空。大多数时候，人与人之间之所以会发生冲突，就是因为都太好强、太较真儿。

如果彼此相处的时候，有人愿意主动退一步、让一步，那么很多变故就不会发生。

另外，退让其实本身也是一种前进。虽然表面上好像吃了亏，实际上失之东隅收之桑榆，总有意外的收获。

确立清晰的目标，让沟通更有方向感

人与人之间的沟通，大多数都是有目的的。有的是为了拓展人脉交朋友，有的是为了洽谈业务求合作……有目的并不是什么坏事，相反，目标越明确，沟通就越有方向感。

比起漫无目的地胡侃，不着边际地闲聊，有目的、有需求、自带话题的沟通无疑更有趣、更实效。此外，因为有目的，曾“精心准备”，所以，沟通时也会更“有料”，让人更愿意与你交谈下去。

在沟通前，虽然设定一个具体的目标很容易，但在具体的沟通中，有两个问题需要特别注意，不允许有一丝一毫的马虎。

要牢记目标，避免走偏

与人沟通不是解题做题，没有固定的步骤，也没有正确的流程，还经常遭遇意外。日常交流中，大家一定要时刻牢记目标，以目标为中心来引导对话，纠正偏差，不要让话题跑得太远。

目标设定要合理

一般来说，日常交际中，人们想要达成的目标不外乎两类：一类是需求方向的，想要求人办事、找人合作；另一类是情感方向的，想拓展人脉、增进友谊、发展感情。但不管目标属于哪一类，都必须合理。如果不合理，不如不设。

话说得恰到好处，留有余地才能进退自如

纵观古今中外，凡是能够有所建树的人，在沟通的时候必然极有分寸，不会咄咄逼人，也不软弱退让，总是不卑不亢、进退有度。无论什么时候，说话都恰到好处，留有一定余地。

沟通不是辩论，不是竞争，更不是打仗，不需要分输赢，也没有必要计较对错，说话时太较真、太极端，只会伤人伤己。相反，适可而止，把话说得恰到好处，才互惠互利、两全其美。

那么，在日常生活中，我们怎么才能把话说得恰到好处？怎么分辨什么话该说、该怎么说，可以说到什么程度呢？诀窍有以下五点。

说话符合自身的“角色”

同一个人在不同的场合和不同的情境下，扮演的“角色”也截然不同。

在父母面前，我们是儿女；在领导面前，我们是下属……说话时，务必贴合自身的角色，避免越位和出位。

实事求是、力求客观

没有人喜欢虚头巴脑、信口开河的人。说话太浮夸、太主观、太自我，最容易引人反感，说话不着调、不实诚，总是文过饰非、言过其实，次数多了，会让人觉得你不靠谱。唯有说话实事求是、力求客观、不武断、不粉饰，才最恰当，才能让人信服。

不要把话说绝、说满

月盈则亏、水满则溢。无论是说话还是做事，都要留出余地，不能说得太满，也不能说得太绝。说得太满，一旦遭遇意外变故，实现不了，不仅自己会失信、丢面子，还会耽误别人的事儿，给别人留下极不好的印象；说得太绝，不留余地，在绝了别人机会的同时，也等于绝了自己的退路，伤人害己，得不偿失。

多用“尽量”“我试试”等谦词

不管是为人处世还是沟通交际，最忌讳的就是不自量力。事前信誓旦旦，保证这保证那，结果却眼高手低根本做不到。这样的人，谁会喜欢，谁会信任？

相反，若是一直低调、谦虚，给自己留余地，多用“我尽量”“我试试”“我努力”等谦词，则进退自如，刚刚好。

切忌自以为是

人和人的出身不同、性格不同、生活经历与个人阅历不同，对世界、对人生、对某些人和事儿的认知自然也不同。仁者见仁、智者见智，并不存在绝对的对错。所以，人们在沟通交流时，一味自以为是，希望别人完全认同自己的言语都是不恰当的。相反，唯有在沟通时，求同存异、谦虚包容，才能真正把话说得恰到好处。

第六篇

嘴下要留情，沟通才能不踩雷

在人际沟通中，我们时常需要谨慎选择措辞，以避免不必要的心灵隔阂和误解。毫不避讳地表达可能会因为缺乏深思熟虑而冒犯他人，甚至可能破坏了原本良好的人际关系。尽管坦诚和直率是值得赞扬的品质，但我们需要学会在表达中妥善平衡。在开口之前，我们可以先思考一下自己的话语是否妥当，是否有可能触碰到别人的敏感话题。

说话不揭人短，才不会遭人反感

每个人都有自己的缺点和不完美之处，这是人们的正常状态。在日常沟通中，我们应该尊重他人的隐私和尊严，避免当面揭露或嘲笑别人的短处。当面揭露或嘲笑别人的短处可能会伤害到对方的感情，破坏人际关系。

当我们面对他人的缺点或错误时，委婉的措辞可以帮助我们以更加平和、理性的方式表达自己的看法，而不是直接指责或批评。这样可以让对方更容易接受我们的意见，同时也能够保持和谐的交流氛围。

尊重他人是建立良好人际关系的基础，而取笑他人则会导致人际关系的紧张和冲突。在不同的文化背景和社会环境中，人们的沟通方式和表达习惯也会有所不同。因此，我们需要尊重并理解不同的文化差异，学会在不同的场合使用合适的措辞和表达方式。

人际关系的隐形杀手

在人际交往中，揭人短是一种不尊重他人、伤害他人自尊心的行为。这种行为不仅会破坏人际关系，还会导致信任崩塌、情感疏远等不良后果。揭人短的行为往往源于对他人的不满、嫉妒或恶意，这种行为不仅不会解决问题，反而会加剧人际关系的紧张和矛盾。因此，我们应该避免揭人短的行为，尊重他人的隐私和尊严，以建立和谐、稳定的人际关系。

不揭人短：尊重他人，才能建立信任

尊重他人是建立信任和积极人际关系的基石。在人际交往中，我们应该避免将他人的缺点拿来大做文章或公开批评他们。因为揭人短的行为可能会伤害对方的感情，破坏信任，并导致人际关系的恶化。相反，我们应该关注他人的优点和长处，并尊重他们的私人空间和隐私。在表达自己的观点和意见时，我们要注意措辞，避免过于直接或冒犯对方。我们不仅要保持对他人的尊重和关心，还要学会倾听和理解他人，了解对方的观点和感受，以便更好地建立和维护信任的关系。

当我们与他人交谈时，以下几种技巧可以帮助我们避免揭人的短处。

1. 倾听和理解

在与人交流时，我们应该认真倾听对方，并试着从他们的角度来看待问题，这是建立理解和共鸣的重要方式。通过倾听，我们可以更好地理解对方的观点和感受，并展现出对他人的尊重和关心。同时，换位思考也可以帮助我们更好地理解他人的处境和困难，从而更加包容和体谅对方的不完美。

2. 措辞要委婉

在表达观点或提出批评时，使用委婉和建设性的措辞是非常重要的。避免过于直接或冒犯对方，而是以友善和尊重的方式表达自己的意见。例如，我们可以说：“我认识到这个问题可能有改进的空间，也许我们可以考虑一

些其他的解决方案。”这样的表达方式可以缓解对方的防御心理，促进积极的讨论和改进。

3. 积极的反馈及赞美

在与他人交谈时，我们应该尊重对方的隐私和尊严，避免提及对方的敏感话题或短处。我们只有着眼于他们的优点和长处，给予积极的反馈和赞美，才可以让对方感受到被认可和被重视，增强彼此之间的信任和良好感觉。例如，当对方完成一项任务时，我们可以称赞他们的努力和成果，而不是强调可能存在的缺点或不足之处。

学会尊重他人的隐私，不要口无遮拦

在与人交往中，确实应该避免谈论涉及别人隐私的问题。尊重他人的隐私是建立良好人际关系的重要原则之一。谈论涉及别人隐私的问题可能会让对方感到不舒服、尴尬或受到伤害，从而破坏彼此之间的信任和关系。当我们与他人交流时，应该尊重对方的隐私，不要随意打听或传播他人的私人信息。如果对方不愿意分享某些信息，我们应该尊重他们的选择，不要强迫他们透露。

即使对方主动告诉我们一些私人信息，我们也应该尽量避免过多地深入探讨或谈论这些隐私。这是因为过度关注他人的隐私可能会让他们感到不舒服或不安。我们应该尊重他人的个人空间和隐私权，给予他们足够的自由和尊重。如果对方选择与我们分享一些私人信息，我们可以采用委婉的措辞来回应，表达我们的理解和支持，同时避免深入讨论。

在提问之前，先思考一下问题是否会侵犯对方的个人隐私。这样的思考

可以帮助我们建立更尊重彼此的人际关系，并避免给对方带来不必要的困扰和不适。

稳定的人际关系的基石

尊重他人的隐私是建立稳定人际关系的基石之一。当尊重他人的隐私时，我们就等于传达了对他们的尊重和关心。这有助于建立一种开放和信任的氛围，让人们感到舒适和安全。通过尊重他人的隐私，我们能够建立更深入的人际关系，增进相互之间的信任和理解。这种尊重也有助于避免冲突和争执，保持健康和谐的人际交往。

尊重他人隐私：人际交往的基本准则

尊重他人隐私是人际交往中不可或缺的基本准则。我们应该避免侵犯他人的隐私，这意味着我们不应该主动打探他人的私人事务，更不应该窃听他人的私人对话。我们应该尊重他人，给予他们足够的私人空间，不干涉他们的个人生活。如果他人与我们分享了一些私人信息或秘密，我们应该为其保密，不将其泄露给其他人。只有这样，我们才可以建立起互相尊重和信任的交往模式，促进良好的人际关系的发展。

在和人交谈时，尊重他人隐私是非常重要的。以下两种方法可以帮助你做到这一点。

1. 尊重边界

每个人都有自己的隐私边界。尊重他人的个人空间和时间也是尊重隐私的一部分。在交谈中，你应该尊重对方的边界，不要强迫他们透露私人信息或谈论敏感话题。如果对方不愿意分享某些信息，你应该尊重他们的选择，不要追问或逼迫。

2. 避免过度询问

在交谈中，不要过度询问私人信息。如果你需要了解对方的某些情况，可以适当地提问，但不要追问或涉及敏感话题。尊重他人的隐私，意味着不主动询问他们不愿意分享的私人信息。避免过于好奇或八卦，给对方足够的空间来决定何时和如何分享他们的个人生活。

顾及他人颜面，千万不要心直口快

有时候，我们可能没有意识到自己所说的话会对他人造成伤害，但实际上，一些无意中的话语可能对他人造成了深深的伤害和痛苦。在说话之前，花一点儿时间。考虑一下你要表达的信息是否会伤害或冒犯对方。如果你认为可能会有负面影响，可以选择用更温和、尊重的方式表达。

心直口快虽然有时候被认为是真诚的表现，但如果不加考虑地表达自己的想法和感受，可能会伤害到他人的感情和尊严。我们应该学会委婉地表达自己的想法和感受，尊重他人的感受和隐私，以建立更加和谐、稳定的人际关系。

顾及他人的颜面不仅是一种智慧的沟通方式，更是一种展现我们成熟和善良品质的表现。它体现了我们对他人的尊重和关怀，以及我们对和谐人际

关系的追求。当我们意识到每个人都有自己的尊严和自尊心时，就会更加注意自己的言行举止。

沟通交际的温暖底色

顾及他人的颜面确实是一种体现尊重和关怀的沟通方式。每个人都有自己的自尊心和颜面，当我们在与他人交流时，如果不顾及对方的颜面，可能会伤害到对方的自尊心，从而破坏彼此之间的关系。因此，在交流中，我们应该尊重对方的感受和颜面，避免直接批评或指责对方。

顾及他人颜面：沟通交际的优雅艺术

顾及他人的颜面是一种高尚的沟通和交际艺术，它体现了我们对他人的尊重和关怀。在人际交往中，我们应该学会以优雅的方式表达自己的观点，同时也要尊重他人的观点和意见。这意味着我们应该避免使用攻击性的语言批评或指责他人，而是以友善和理解的态度与他人进行对话。只有这样，我们才可以产生更深入的理解和共鸣，从而建立更加健康和互相尊重的人际关系。

1. 沟通言语要恰当

选择恰当的词语和措辞来表达自己的想法，避免使用冒犯性或攻击性的语言。尽量避免使用批评、指责或侮辱性的词汇，要采用友善、尊重和理解的措辞。如果你有不同的意见，可以委婉地表达出来，避免直接攻击或指责他人。这样可以确保我们的言辞不会伤害他人的自尊心，从而保持沟通的和谐和互敬。

2. 关注他人情感

在交流中，要给予对方充分的倾听和关注。要学会关注他人的情感和感受，尤其是那些比较敏感的话题。要尽量避免触及他人的痛点或伤害他人的情感，关注如何帮助他人解决问题或提供支持。当对方表达出自己的观点或感受时，我们可以给予积极的回应，从而建立良好的人际关系。

插嘴不是好习惯，不要随意打断他人的谈话

随便打断他人的谈话是一种不礼貌的行为。当别人正在说话时，我们应该尽量避免打断他们，以示尊重和关注。如果我们有话要说，最好等到他们说完或找到一个适当的时机来表达自己的观点或意见。这样做可以帮助我们维持良好的沟通和交流氛围，并展示我们对他人的尊重。

打断别人说话不仅会打断对方的思路，影响对方表达的连贯性和完整性，还可能会伤害对方的自尊心和感情。尊重他人的发言权和表达自由是建立良好人际关系的重要一环。我们应该学会倾听他人的意见和感受，给予他们足够的时间和空间来表达自己的想法。当对方正在说话时，我们应该保持耐心和专注，不要轻易打断对方，除非有紧急情况或必须插话的情况。

当别人说话时，如果我们能够做到不打断，既表达了我们对他人的尊重和关注，也展示了我们愿意倾听和理解他人的观点和意见。这种尊重他人的行为有助于建立良好的人际关系，增进彼此之间的理解和信任。

人际交往的绊脚石

随意插嘴是人际交往中的一块绊脚石。当我们随意插嘴时，就等于打断了别人的说话，表现出一种不尊重和不关注他人的态度。这种行为可能会导致沟通中断、误解产生，甚至伤害他人的感情。相反，当我们给予别人充分的倾听和尊重，等待合适的时机表达自己的观点时，我们便能够建立更健康、更积极的人际关系。

随意插嘴：不容忽视的交际杀手

在人际交往中，随意插嘴是一种常见的行为，但这种行为往往会对人际关系造成负面影响。随意插嘴的原因有很多，比如缺乏耐心、急于表达自己的观点、没有意识到自己的行为对对方的影响等。但无论原因如何，随意插嘴都是一种不礼貌、不尊重他人的行为。我们应该学会倾听、尊重和理解他人，给予他们足够的时间和空间来表达自己的想法。只有这样，我们才能建立更加和谐、稳定的人际关系。

当我们意识到随意插嘴可能会妨碍正常的人际交往时，我们可以尝试以下三种技巧来避免这种行为。

1. 保持耐心和专注

当我们与他人交流时，应该保持耐心和专注，不要急于表达自己的观点。给予对方足够的时间和空间来表达自己的想法，让他们完整地表达自己的意思。这样不仅可以避免打断对方讲话，还可以更好地理解对方的观点和感受。

2. 使用肢体信号

当我们想要表达自己的意见或想法时，可以使用肢体信号来表达我们的意图。例如，通过眼神接触、微笑或点头来展示我们在倾听和理解对方的同时也有话要说。这样，我们可以在合适的时机表达自己的观点，而不是随意插嘴打断对方。

3. 提问和回应

如果我们感到有必要插话或表达自己的观点时，可以使用提问和回应的方式来参与对话。在对方表达完毕后，我们可以先提出问题以确保我们理解了对方的观点，然后再回应对方的观点。这样，我们才能够更好地参与对话，同时也尊重了对方的发言权。

闲谈要有尺度，莫在背地里说人坏话

闲谈是一种轻松愉快的交流方式。它可以让人们放松心情，分享彼此的经历、兴趣和想法。通过闲谈，我们可以结识新朋友，加深与他人的联系，甚至找到共同的兴趣爱好。不过在闲谈时，我们应该保持适当的尺度和尊重，不要随意讨论他人的是非，在背地里说人坏话是不道德的行为。

闲谈可以反映一个人的品德和素养。在闲谈中，一个品德高尚的人会展现出谦逊、善良、诚实和宽容的品质，他们会倾听他人的意见，尊重不同的观点，并且不会轻易伤害他人的感情。与此相反，一个品德不高尚的人可能会表现出傲慢、自私、言辞尖刻或不诚实的行为，他们不尊重他人的感受，只关注自己的利益。

背后议论他人是不尊重他人的行为，它可能会伤害他人的感情并破坏人际关系。作为一个有品德的人，我们应该尽量避免在背后议论他人，要尊重他人的隐私和尊严，而不是通过背后说坏话来伤害他们。

人际关系的隐形杀手

背后说坏话是人际关系的隐形杀手，它不仅会破坏人与人之间的信任和关系，还会对受害者的心理健康造成长期的伤害。这种行为常常被视为无害的，实际上它是一种不道德的行为，会对人际关系造成极大的破坏。因此，我们应该避免在背后说他人的坏话，尊重他人的隐私。

背后的坏话：人际关系中隐藏的利刃

背后说人坏话的行为往往隐藏在表面之下的暗流中，悄无声息地侵蚀着

人与人之间的信任和关系。在日常生活中，闲谈时，我们应该避免讨论第三人，不说不着边际的话，不涉及他人的隐私或敏感信息。只有这样，才能避免引起误解和矛盾，维护自己和他人的形象和尊严。

我们要想在闲谈中保持良好的形象，避免是非，需要遵循以下三点。

1. 尊重他人感受

在与他人交流时，应该尊重他们的观点和感受，不要发表过于尖锐或冒犯性的言论。不要随意批评或嘲笑他人，而应以善意和包容的态度对待他人。同时，也要尽量避免在谈话中提及他人的隐私或敏感信息。尊重他人的选择和决定，不要试图去干涉或指责他们。

2. 避免过度八卦

在谈话中，应该避免过度八卦，不要过多地谈论他人的隐私或流言蜚

语。同时，也要尽量避免涉及敏感话题，如政治、宗教等。这些话题具有争议性，可能会引发不必要的争论和冲突。所以，在交流时要尽量保持谈话的轻松和友好，选择一些彼此普遍感兴趣的话题，如兴趣爱好、旅行经历、文化艺术等，可以更好地促进交流和增进彼此的了解。

3. 保持积极、客观的态度

保持积极、客观的态度是在谈话中展现良好品德和道德的重要方面之一。我们应该避免轻易对他人或事情进行负面评价或指责，以免伤害他人的感情。相反，我们应该建立积极的交流氛围，避免抱怨或负面情绪的表达，因为这些可能会传递出消极的能量，影响到他人的情绪和谈话氛围。

拒绝不合理的抬杠，不要事事占上风

在人际交往中，情商高的人往往更受欢迎，更容易建立良好的人际关系。他们通常不会轻易抬杠，而是更注重沟通、理解和尊重他人。情商高的人懂得如何控制自己的情绪，避免在交流中引起冲突和矛盾。他们更注重倾听和理解他人的观点和感受，能够妥善地处理分歧。

抬杠和争强好胜不仅会破坏谈话氛围，还会伤害彼此的感情。在谈话中，尊重他人，理解他们的观点和想法，才能促进和谐的谈话氛围。只有放下个人利益，用合作共赢的方式处理问题，才能建立良好的人际关系。

与人交流的时候，即使我们比别人懂得更多，也不应该以一种盛气凌人或高高在上的态度去和别人说话。这种态度很容易让人感到不舒服，甚至会产生反感。每个人都有自己的思考和判断，我们应该以开放的心态去倾听和理解他人的想法，而不是一味坚持自己的立场。

妨碍沟通交流的绊脚石

抬杠者往往过于固执己见，只关注自己的观点，而忽视或否定他人的意见。他们可能会过度争辩、挑剔他人的言论，甚至陷入无意义的争吵中。这种行为会破坏有效沟通的氛围，使对话变得紧张、敌对，阻碍信息的传递和理解。抬杠还可能导致沟通双方产生负面情绪，如愤怒、厌烦和失望。这种情绪化的状态会进一步加大沟通的困难程度。

偏执的抬杠：人际关系的毒药

与人交流时，当自己的观点受到质疑时，人们的情绪就很容易激动，从而影响思考和表达。这种情绪化的状态可能导致他们过度强调自己的观点，从而忽视他人的意见和感受。这种偏执态度使交流变得紧张，影响人际关系。因此，要警惕偏执的抬杠，培养包容和尊重的态度，倾听他人的观点，学会妥协和退让。

要正确表达自己的意见，避免进入抬杠和事事占上风的怪圈，以下三点是需要注意的。

1. 倾听和接纳不同意见

要学会倾听和接纳不同的意见，包括那些与你观点相左的意见。通过认

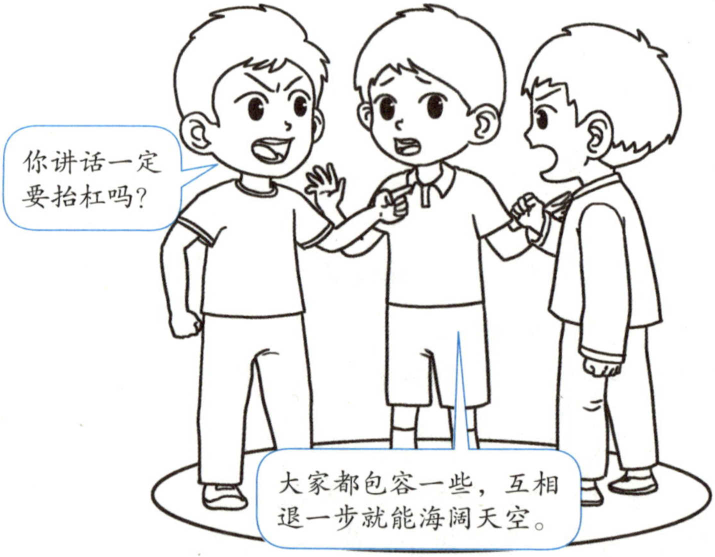

真倾听他人的观点，理解他们的立场和想法，你可以更全面、客观地看待问题，并发现自己的观点可能存在的不足之处。同时，接纳不同意见也可以拓宽你的思维和视野，更好地促进彼此的讨论和交流。

2. 聚焦问题和解决方案

在表达自己的意见时，要尽量聚焦问题和解决方案，而不是陷入无意义的争吵和抬杠中。针对讨论的问题，提出具体的解决方案或建议，以促进问题的解决。避免陷入对细节的纠缠或对个人立场的过度强调，多关注共同的目标和利益，寻求合作和达成共识。

3. 保持尊重和谦逊

在表达自己的意见时，要以尊重和谦逊的态度对待他人。避免使用攻击性、贬低性或挑衅性的言辞，要采用平和、理性的语气和措辞。尊重他人的观点和贡献，承认自己的局限性和可能存在的错误，这样可以增加你的可信度和说服力。

避免咄咄逼人，须知得饶人处且饶人

在人际交往中，我们难免会遇到不同意见和冲突。咄咄逼人往往会引发更大的冲突和争吵，使问题变得更加复杂。这种行为表现为对他人观点的攻击、质疑或挑衅，缺乏尊重和理解。它可能导致对方感到被攻击、威胁或受到不公平对待，从而产生负面情绪和防御心理。这种情绪化的交流方式不仅无法解决问题，反而可能加剧冲突和误解，破坏彼此之间的信任和合作。

当我们与他人交谈时，保持适当的分寸是非常重要的。尊重对方的观点和感受是建立良好关系的基础，因此，我们需要学会控制自己的情绪，以平和、理性的态度对待他人的不同意见。通过理解、接纳和尊重他人的观点，我们可以建立更加健康、和谐的人际关系。

人际交往中，咄咄逼人的行为是不可取的。这类人态度强硬，不懂妥协和退让，常用攻击性言辞压制他人。他们或许觉得这只是玩笑，但实则可能伤害他人的感情和自尊。在交往中，适度地妥协和退让，更有助于建立良好的沟通关系，而强行推销观点或压制他人并不可取。理性、客观的讨论有助

于我们增进理解、建立尊重和信任，促进和谐交往。

破坏关系的无形暴力

咄咄逼人的行为往往是以语言暴力的形式表现出来的，对人际关系造成严重的破坏。咄咄逼人的行为通过不断逼迫他人接受自己的观点或立场来达到自己的目的。这种行为会让对方感到被攻击、威胁或受到不公平对待，从而产生负面情绪和防御心理。

让交往更加和谐：从避免咄咄逼人开始

咄咄逼人的态度常常导致紧张和敌对的氛围，阻碍了有效的沟通和理

解。我们应该保持开放的心态，接纳不同的观点和意见是建立良好人际关系的基础。我们不应该将自己的观点强加给他人，而应该尊重他们独立思考和表达自己的权利。同时，我们也应该意识到没有人是完美的，每个人都有自己的观点和需求。在沟通中，学会适度地妥协和退让。我们可以找到共同的解决方案，达到双赢的效果。

表达尊重和关注

在表达自己的观点时，我们应该注重措辞，以尊重和关注为前提，要尽量避免使用攻击性、贬低性或挑衅性的言辞。这样可以让对方感到被尊重和被关注，从而更容易接受我们的意见。

寻求共同点和妥协

在对话中，我们应该关注共同点和利益，而不是只强调自己的立场。咄咄逼人的行为往往会导致对立和冲突，而我们要努力寻求妥协和双赢的结果，以促进合作和共识。通过关注共同目标，我们可以减少冲突和紧张局面，让对话更加和谐。

持开放的心态

在与他人交流时，保持开放的心态非常重要。当我们保持开放的心态时，就会愿意倾听和接受他人的观点和意见。这种心态有助于我们更好地理解他人的立场和感受，从而避免冲突和误解。同时，保持开放的心态也意味着我们尽量不要预设立场，而是以学习和理解的态度去对待他人的观点。

开玩笑要把握好火候，免得引火烧身

开玩笑是一种常见的缓和说话气氛的手段。它能够调节气氛、减轻疲劳，并缩短与朋友、同事之间的距离。在一些紧张或尴尬的场合，一个适当的玩笑能够打破僵局，缓解气氛，使大家感到更加轻松和自在。通过互相开玩笑，我们可以更好地了解彼此的性格和喜好，进而增加彼此之间的互动和交流。

开玩笑是一种轻松愉快的交流方式，但要注意尺度。幽默感并不是人人都有，玩笑也不是在所有情况下都适用。有时候，过于幽默可能会让人感到不尊重或被冒犯。因此，在开玩笑的时候，我们需要注意场合、对象和言辞的恰当性，确保我们的玩笑不会伤害或冒犯他人。

在与人交谈的过程中，诙谐幽默的人往往更受人欢迎。幽默是一种非常有力的社交工具，它可以轻松地打破僵局、缓解紧张气氛，并让人们感到轻松和愉快。

生活的调剂品

在快节奏、高压力的生活中，我们时常需要一些轻松愉快的元素来调节自己的情绪和状态。适度的玩笑，就像生活中的一抹亮色，不仅能够为我们的生活增添不少乐趣和色彩，也可以让我们在紧张的工作和学习之余，放松心情，缓解压力。它能够打破沉闷的气氛，带来欢声笑语，让我们在轻松愉快的氛围中与他人交流、互动。但我们要把握好玩笑的尺度，让它在带来欢乐的同时，也能够尊重和关心他人。

沟通的亮丽色彩：适度的玩笑

适度的玩笑是沟通中的亮丽色彩。它能够为我们的生活增添乐趣和色彩，缓解压力，拉近人与人之间的距离。在面对紧张、尴尬的场合时，一个适当的玩笑能够打破僵局，缓解气氛，使大家感到更加轻松和自在。需要注意的是，开玩笑并不意味着可以随意冒犯或伤害他人。当我们开玩笑时，也要注意不可过度开玩笑或过度依赖幽默。有时候过度的玩笑可能会让他人感到尴尬或不舒服，所以在适当的时候也要给予他人空间和尊重。

在日常生活中，开玩笑的确需要分清场合和注意分寸。以下三个技巧可以帮助你更好地掌握开玩笑的方法。

1. 观察场合和情境

在决定开玩笑之前，要先观察当前的场合和情境，判断是否适合开玩笑。比如在一些较为严肃、正式甚至是悲伤的场合，千万不要随意开玩笑。因为在这样的场合中，并不适合开玩笑，否则就会产生一些不必要的误会或尴尬。又比如在一些充满喜庆氛围的场合，当我们想要开玩笑时，一定要说有助于增强氛围的幽默话语，千万不要说一些令人扫兴的话，那样只会让现场的氛围陷入尴尬。

2. 避免过度开玩笑

适度的玩笑旨在为沟通增添欢乐和轻松的氛围，但过度开玩笑可能会让他人感到尴尬或不舒服。所以，我们应该注意不要过度依赖幽默，也要给

予他人空间和尊重。如果有人表达了对玩笑的不悦，我们应该及时停止并道歉，以避免伤害他人的感情。

3. 尊重他人的感受

在开玩笑时，我们要尊重他人的感受，避免使用侮辱性、歧视性或攻击性的语言，以免伤害他人的感情。同时，我们要意识到不同人对玩笑的接受程度是不同的，所以我们要避免触碰他人的敏感话题，以免引起不必要的冲突和误解。